歴史文化ライブラリー

91

葛飾北斎

永田生慈

吉川弘文館

目次

北斎の広範な業績――プロローグ

偏った認識

一九九三年、「大北斎展」と銘打った大規模な展覧会が、東京をかわきりに三都市で開催された。その目的は、わが国初の本格的な研究書『葛飾北斎伝《かつしかほくさいでん》』が飯島虚心《きょしん》（一八四一〜一九〇一）によって著され、一〇〇年を迎えたことから、この機会に一世紀にわたる研究成果をふまえて、幅広い北斎芸術を再認識しようとするものであった。会場には展覧会名にふさわしく、浮世絵版画（錦絵《にしきえ》）、版本《はんぽん》、肉筆画や関係資料など、全体で約六〇〇点もの出陳がなされ、約七〇年にもおよんだ作画活動の軌跡を十分に概観できる内容となっていた。

会期中の反響は予想をはるかに越えるものだったが、ひときわ関係者を驚かせたのは、多くの入場者がみせた意外な反応だった。それは、あの富士山の連作「冨嶽三十六景《ふがくさんじゅうろっけい》」と、わずかな著名作品をのぞいて、観覧者の多くは他の膨大な作品群をまるではじめて眼のあたりにしたかのように、驚きの目で観ていた様子が、である。こうした観覧者の驚きとは逆に、いまだ北斎への一般的な認識は、この程度だったのか、と展覧に関係した私も、ギャップの大きさに思わず嘆息したことを昨日のことのように鮮明に記憶している。

ところで、従来の一般的な北斎認識とはどのようなものだったのだろうか。かつての中高等学校での教科書や啓蒙書を繙《ひもと》いてみると、共通してつぎのような内容が記されていることだろう。

葛飾北斎は、幕末に江戸で活躍した浮世絵師の一人。「冨嶽三十六景」をはじめとする風景版画が著名で、全一五冊にも及んだ『北斎漫画《ほくさいまんが》』も、西欧の印象派の芸術家たちに大きな影響を与えた。

こうした内容が長い年月、巷間での北斎認識をかたちづくって、『北斎漫画』はまだしも「風景版画家北斎」というイメージばかりが強調され、評価が定着してきたものと思われるのである。しかしこのような評価は、北斎芸術の全領域にわたる理解という点では、不幸だったといっていい。なぜなら風景版画のみの偏重評価は、それが大きいほどまるで反比例するかのように、他の多彩な作品群にほとんどスポットを当ててこなかったからである。

広範な活動

では、北斎は生涯どれほどの分野にわたって作画活動を展開し、何を得意としていたのだろうか。この問いに一言で解答をだすことは、まず不可能だろう。たとえば同じ浮世絵師の喜多川歌麿《きたがわうたまろ》が美人画で、歌川広重《うたがわひろしげ》が名所絵であったというような特定分野をあげることは、すくなくとも北斎の場合、当を得た解答とは思えないからである。その理由は、七〇年もの長きにわたってたえまなくつづけられた絵画制作への姿勢を瞥見《べっけん》すると、つねに新たな画法を探り、独自な画様式を確立しては、年代ごとに傾注する題材や分野をも、変えつづけているからにほかならない。実際、壮年期と晩年では別人かと思われるほど画風は変化を遂げているし、手がけた分野も桁はずれて幅広いのである。当時の絵師としては、他の誰とくらべても類のない稀有な軌跡をみせているといっていいだろう。

こうした変化に富んだ画歴を理解するうえからも、まず予備知識として筆者が考えている年代区分をあげておくことにしたい。もちろんこの区分はあくまでも大雑把なものではあるが、これから筆をすすめてゆくうえで、簡単な目安となるものと考えているからである。

(1)絵師以前

宝暦一〇年（一七六〇）から安永七年（一七七八）ごろまで。かぞえ一歳から一九歳ごろ。

(2)習作の時代

春朗《しゅんろう》期。安永八年（一七七九）ごろから寛政六年（一七九四）ごろまで。二〇歳ごろから三五歳ごろ。勝川《かつかわ》派の絵師として画界に登場し、役者絵や黄表紙《きびょうし》の挿絵などを中心に描いた時代。

(3)宗理《そうり》様式の時代

寛政六年ごろから享和四年（文化元年〈一八〇四〉）ごろまで。三五歳ごろから四五歳ごろ。狂歌の世界と深く結びつき、多くの摺物《すりもの》や狂歌絵本の挿絵を描いた時代で、肉筆画にも佳作を残している。また三九歳で独立し、以降終生どの画派にも属さなかった。

(4) 読本《よみほん》挿絵と肉筆画の時代

文化元年ごろから文化八年（一八一一）ごろまで。四五歳ごろから五二歳ごろ。読本挿絵に独自の境地をひらき、一世を風靡《ふうび》した。また最晩年期とならび、最も多くの肉筆画を制作した。

(5) 絵手本《えでほん》の時代

文化九年（一八一二）ごろから文政一二年（一八二九）ごろ。五三歳ごろから七〇歳ごろ。『北斎漫画』をはじめ多くの絵手本を発表し、自らの画風をひろめた。ただし絵手本の制作は、最晩年までやむことなくつづけられた。

(6) 錦絵の時代

天保元年（一八三〇）ごろから同四年（一八三三）ごろ。七一歳ごろから七四歳ごろ。一般に最もよく知られている時代。「冨嶽三十六景」をはじめとして、著名な風景版画のシリーズや花鳥、武者などの浮世絵版画を陸続と発表している。

(7) 最晩年期　肉筆画の時代

天保五年（一八三四）から嘉永二年（一八四九）まで。七五歳から九〇歳まで。版本挿絵をのぞいて、浮世絵版画の世界から遠ざかり、肉筆画に主力をおいて制作にはげんだ年代。とくに和漢の故事古典や宗教的な題材を好んで描き、浮世絵らしい時様《じよう》風俗画はほとんど制作しなかった。

このように、簡単な年次順の区分であっても、通常の絵師の活動とくらべれば比較にならないほど幅広く複雑なのである。

たとえば、最も著名な「冨嶽三十六景」も、七〇歳ごろから七四歳ごろにかけての数年間の仕事の一つでしかなかった。広範な北斎の業績を十全に理解しようとするとき、私たちはそれこそ何人もの絵師たちの画歴を調べるのと同等な労力を要するといっていいだろう。それほど北斎の世界は広く大きいのである。

本書の目的　一九九九年は北斎にとって大きな区切りの年であった。その一つは、安永八年に画界へ登場して二二〇年を迎え、また没後一五〇年の星霜をへた。さらに二〇〇〇年は、生誕二四〇年を迎えた。こうした区切りの年だからこそ、もう一度北斎の全業績を見直し、新たな課題を提起しておくことが今後の研究に最も重要なことだと考えているのである。本書の目的も、まさにこの点にあるといっていい。

したがって、各年代の作画傾向および特徴、動静、研究上の問題点と今後の課題といった点に留意し、可能なかぎり年次順に多くの資料をあげながら筆をすすめたうえで、北斎が目指したものと、果たした役割についても言及してみることとしたい。

出自と習作の時代

出自と幼少年期

出自

大半の浮世絵師がそうであるように、北斎についても出自や幼少年時の様子をうかがわせる資料は、ほとんど見当たらないといっていい。しかしそれでも前述した飯島虚心《きょしん》の『葛飾北斎伝』(以下、飯島虚心とするのみで、書名は省略する)が、直接北斎と面識のあった古老たちを明治二〇年代に訪ねて調査をし、若干の資料から家系や成長後について傾聴すべき言い伝えや見解を発表している。またその後、国内の多くの研究者が飯島説を関係資料から検証するという立場で、絵師となる以前の動静に言及を重ねており、これまた傾聴すべき見解もすくなくない。

本書は絵師としての活動に重点をおいてまとめる予定であるので、現今での定説化されつつある事柄について簡単にふれておくこととしたい。

出生は宝暦一〇年（一七六〇）九月二三日で、北斎自身が弘化元年（一八四四）一月一日の描き初めとして制作した「大黒天図」（所在不明。紙本一幅）の署名に、「宝暦十庚辰年九月甲子ノ出生」と自記していることからも明らかである。伝えられるところによると、幼名を時太郎《ときたろう》、のち鉄蔵《てつぞう》と改名したといわれるが、現在のところ虚心の記述以外にそれを覆すような資料の存在はいまだ知られていない。出生地は下総国《しもうさのくに》本所《ほんじょ》割下水《わりげすい》とされるので、現在の東京都墨田区亀沢一丁目から四丁目辺のどこかで産声をあげたものと思われるが、その場所を確定するにはいたっていない。家系については川村氏の子として生まれ、のちに幕府御用鏡師《かがみし》で叔父にあたる中島伊勢《いせ》の養子になったと伝えられている。これについては、安田剛蔵氏（『画狂北斎』有光書房、昭和四六年）が曲亭馬琴《きょくていばきん》の自筆記録（『曲亭来簡集《らいかんしゅう》』の朱記、国立国会図書館蔵）をあげてその信憑性《しんぴょう》に言及されている。内容は、つぎのとおりである。

北斎はしめは剞劂《きけつ》をまなひしか捨て画を勝川春章《かつかわしゅんしょう》にまなひて画名を春朗《しゅんろう》といへり、後に俵屋宗理か名氏を冒《おか》しまたその名氏を弟子にゆつりて北斎に更《あらた》め、又これを弟子にあたへて戴《たい》斗《と》と更む只《ただ》北斎のミ世にあらハれたり、居を転すると名ヲかゆるとはこのをとこほどしば〳〵なるハなし、壮年その叔父御鏡師中嶋伊勢か養子になりしか、鏡造りのわさをせすその子をもつて職を嗣《つが》せしかそハ先たちて身まかれり

これによって、鉄蔵は叔父の中島家にいったん養子に入ったが、のちに実子にその職を譲って、

ほどなく川村家に戻ったことが知られる。実際、北斎の菩提寺である誓教寺《せいきょうじ》の墓碑には「川村氏」とあることからもそれとうかがわれるのである。

ところでこの川村家については、ほとんど伝えられるところはないが、東京都墨田区所蔵の寛政一〇年（一七九八）ごろに作成されたと思われる「本所中絵図」を見ると、南割下水近くの現在の亀沢二丁目辺に川村という家を二軒見い出すことができるものの、それらが北斎と関係のあった家であるかは明らかでない。しかし、晩年の北斎が自ら語り、忠臣蔵にかかわる当時の出版物（為永春水《ためながしゅんすい》作『正史実伝いろは文庫』四編巻一〇・一一、天保一一年）にも紹介されていることだが、母方の曾祖父は、赤穂浪士の討入りに斃《たお》れた吉良方の小林平八郎《へいはちろう》であったといわれている。それが事実であったかは明らかではないが、叔父にあたる中島伊勢の屋敷は、浪士が討入りをした吉良邸の跡（現在の本所松坂町公園）という、因縁めいた不思議な関係にあったのである。

幼少年期

幼少年期の動静についても、ほとんど知られるところはない。ただ、後年の北斎の作品『富嶽百景《ふがくひゃっけい》』（天保五年〈一八三四〉）に収められている跋文には、「己《おのれ》六才より物の形状《かたち》を写《うつす》の癖《へき》ありて」とあり、また弘化五年（嘉永元年〈一八四八〉）に出版された『画本彩色通《えほんさいしきつう》』初編の序文にも、六歳ごろから作画への興味を持ちはじめていたことが記されている（ただし、文化一三年刊行の絵手本『三体画譜《さんていがふ》』の広告には七歳からとある）。しかし上記以外にはどのような生活環境に身をおいていたかは明らかとなっておらず、虚心によれば確証はないも

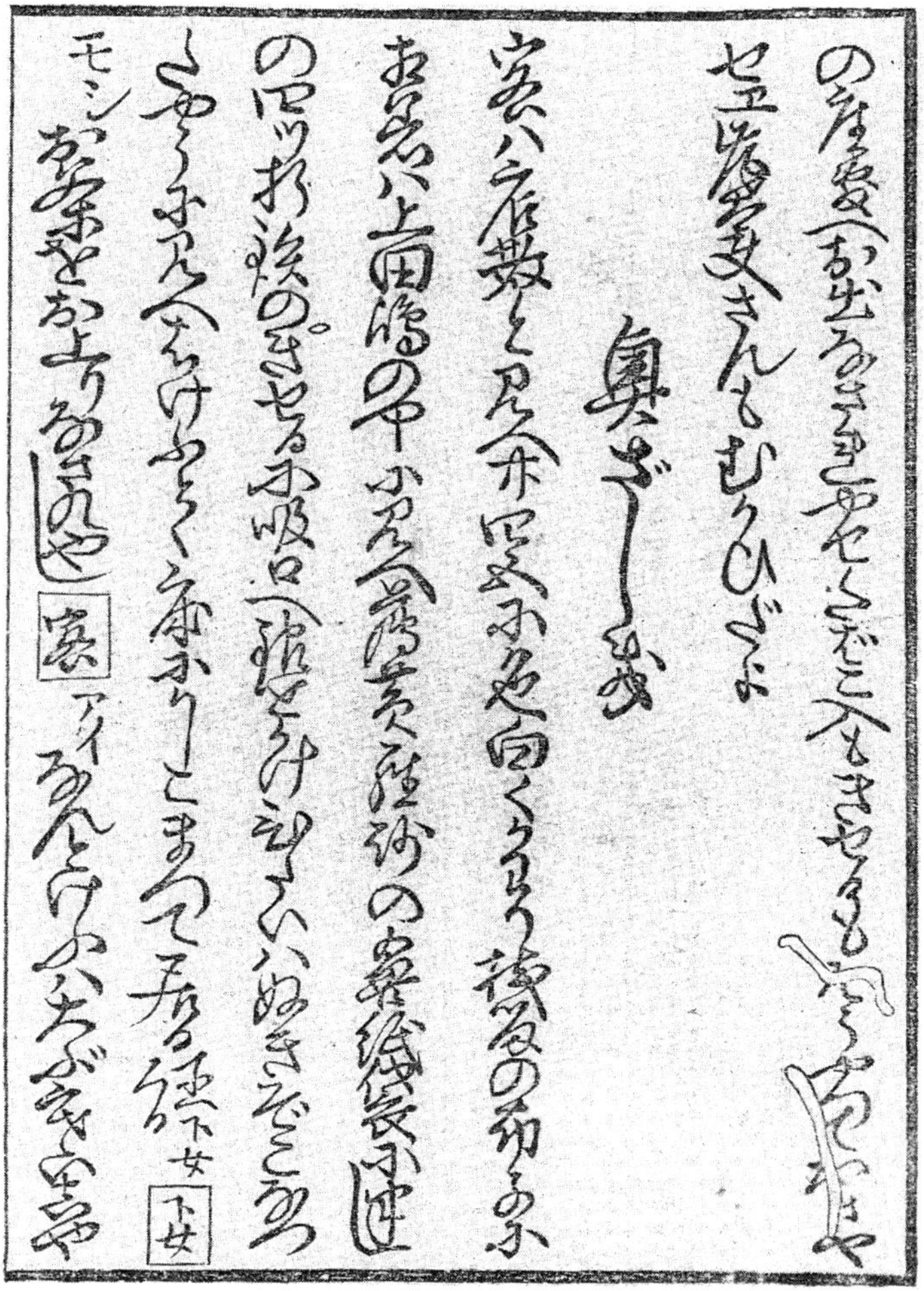

図1　楽　女　格　子

のの、一時貸本屋の小僧として働いたことがあったとしている。さらに年をへた一六歳ごろには、木版印刷の版木の文字彫りを業としていたといわれ、虚心や朝倉無声《むせい》（「浮世絵私言」『浮世絵』四三号、大正七年）が、その版木彫りをしたという安永四年（一七七五）に上梓された洒落本《しゃれぼん》・雪《せっ》中舎山蝶《ちゅうしゃさんちょう》作『楽《らく》女格子《がくじょごうし》』（図1）一冊をあげ、巻末にあった石塚豊芥子《ほうかいし》の識語《しきご》を紹介している。それには、「為一翁云《いいつおういわく》、此書の末六丁程は卍《まんじ》翁の彫刻なり、此節十六歳なりト云々、十九歳まで産業とし、是より此業を廃し画師になりしト云々」とあったとされ、また実際にこの書は全一八丁物で、一二丁前と一三丁以降とでは、まったく彫り癖が異なっていたと記されている。先にふれた馬琴の朱記とあわせて考えても、現在のところおよそ一六歳ごろから一九歳ごろまではこうした版木彫りの仕事を生業としていたと考えることが妥当と思われるのである。

春朗をとりまく浮世絵界

浮世絵の展開と春朗

石塚豊芥子《ほうかいし》は、晩年の北斎から直接聞いたこととして、一九歳の時にそれまで生業としていた版木彫りの仕事をやめ、絵師になったと記している。現在、これを覆すような資料の発見や新説は発表されておらず、北斎は安永七年（一七七八）に浮世絵師としての活動を開始したとみるのが一般的である。また、この翌安永八年には三点の作品が知られているので、約一年間、浮世絵師としての修業を積んだものとも考えられている。

その浮世絵師としての出発は、当時役者似顔絵で一世を風靡《ふうび》した勝川春章《かつかわしゅんしょう》（一七二六～九二）に入門したことである。そして、その翌年八月に三枚の役者絵を発表し、「勝川春朗《しゅんろう》」の画名で画界に登場したのであった。この間でやや疑問と思われる点については、春朗期の動静全般の中でふれることとして、ここではまず絵師となった前後の浮世絵界の状況を、北斎理解のうえから瞥見《べっけん》しておくことにしたい。

浮世絵は近世初頭、上方を中心に発生展開した時様《じよう》風俗画である。それが、およそ明暦の大火（明暦三年〈一六五七〉）をはさんだころ、江戸で商業資本の版元（地本問屋《じほんどんや》）による出版と結びついたことで、従来からの肉筆画や版本に加え、「一枚絵」とよばれる版画が盛んに出版されはじめ、しだいにこの一枚絵を中心に多彩の度を増していったのである。その一枚絵の最も初期的なものは、墨摺絵《すみずりえ》とよばれる白黒の画面のものであったが、しだいに、丹絵《たんえ》、紅絵《べにえ》、漆絵《うるしえ》の順でわずかな色を筆彩色《ふでざいしき》した版画が生まれ、ついには紅摺絵《べにずりえ》という数色ではあったが色の部分までもを木版で摺刷《しゅうさつ》する色摺版画を生み出したのであった。さらにこうした木版技術の改良は、明和二年（一七六五）に、多色摺の錦絵が完成されて「東《あずま》錦絵」とよばれ、浮世絵そのものが江戸の名産とされていったのであった。その中心的な役割を果たした絵師に鈴木春信《はるのぶ》（一七二五？〜七〇）がおり、明和から安永にかけての浮世絵界は、ほとんどの絵師が春信様式をまねた作品を発表しつづけたのである。もっとも最近では、こうした一般的な見解に対し、多色摺版画の完成は明和以前からあったものと考えられつつあるのだが、いちおうここでは従来の説をあげておくにとどめたい。

このような浮世絵界の推移に、幼少年期の北斎を重ねあわせてみると、じつに興味深い関係が見い出せるのである。北斎が出生した宝暦一〇年、将軍職には徳川家治《いえはる》が就任し、田沼意次《おきつぐ》が重用されるにおよんで、明和・安永という華やかで奢侈《しゃし》な時代が出現した。浮世絵もそうした時勢に乗り、多色摺の錦絵が一般庶民階層にまで広まっていったのだが、好んで写生をおこなっていたという六歳という年は、まさに錦絵が完成されたとされる明和二年であった。そして活発化してゆく出版産業の中で、貸本屋の小僧や木版彫刻を生業としていたとすれば、北斎の動静は時勢の流れと軌を一にしたものと見えなくもなく、ついには浮世絵の表舞台の絵師を生業としはじめたのであった。その絵師としての出発時に師と仰いだ人物が、前述の勝川春章なのである。

春章の業績

勝川春章といっても、浮世絵にあまり興味のない人たちにとっては、ほとんど聞きなれない絵師であろう。しかし長い浮世絵史の中では、欠くことのできない名手であり、とくに役者絵や肉筆美人画の分野では、当時他の追随を許さない大家と仰がれた人物であった。余談だが、詩人で浮世絵の研究者でもあった野口米次郎《よねじろう》氏（一八七五～一九四七）が、錦絵が完成されてから幕末までに活躍した六人の浮世絵師（鈴木春信・鳥居清長《とりいきよなが》・喜多川歌麿・東洲斎写楽《とうしゅうさいしゃらく》・葛飾北斎・歌川広重）をあげ、「錦絵の六大家」と評している。この評価が妥当か否かは別として、以降、これに漏れた絵師たちは選ばれた六人からみると、不思議なほど不当に注目されてこなかったといっていい。春章も、当時一世を風靡した名手でありながら、選から漏れた一人だったのである。ともあれ、その業績をみてみよう。

出自は明らかではないが、肉筆美人画の名門であった宮川派（祖は宮川長春《ちょうしゅん》）の春水《しゅんすい》（生没年不詳）に師事したと伝わる。錦絵が普及しはじめた直後の明和初期には、すでに作画活動をみせており、およそ安永年間（一七七二～八一）ごろまでつづいた、いわゆる春信様式の時代に、斯界をリードした磯田湖竜斎《こりゅうさい》（生没年不詳）や一筆斎文調《いっぴつさいぶんちょう》（生没年不詳）、北尾重政《しげまさ》（一七三九～一八二〇）らに伍して、美人画や役者絵を数多く出版している。とくに役者絵は、文調とともに従来からの形式化したスタイルを廃し、面貌を似顔で表現する「役者似顔絵」を完成して、一躍名声を博したのであった。その文調とは明和七年（一七七〇）に、記念すべき役者似顔絵の画集『絵本舞台扇《えほんぶたいおうぎ》』（三冊）を合作で発表し、この分野の開拓者としての地位を不動なものとした。しかし三年後の安永二年（一七七三）ごろを境に、文調が役者絵の世界から遠ざかったため、以後、春章の独壇場となった感がある。実際、連年発表されつづけた春章の役者絵は、遺存するものだけでも膨大な数量に達しており、また当時のほとんどの役者絵が似顔になっていることからも、その人気や影響力は想像する以上に絶大なものであったと考えられるのである。

こうした役者似顔絵の人気に隠れてはいるが、春章は美人画・武者絵《むしゃえ》・相撲絵《すもうえ》・名所絵・歴史画など幅広い題材を錦絵で発表し、版本挿絵でも美人画集や黄表紙《きびょうし》・噺本《はなしぼん》・芝居絵本・洒落本《しゃれぼん》など、ほとんどの分野に手を染めている。なかでも役者はもちろん武者絵や相撲絵は後の浮世絵師たちに大きな影響をおよぼしたもので、顕著な一例として東洲斎写楽の作品群は、この春章の活躍なくしては出現しなかったといっても過言ではないのである。

一方、肉筆画においても卓越した技量を示している。とくにこの分野では、もっぱら美人風俗を専門に描いて、意外に役者絵などは寡作である。その描くところ細密で名状し難い画品があり、当時「春章一幅価千金《あたいせんきん》」（「春宵《しゅんしょう》一刻価千金」を転訛したもの）と謳われたほどであった。おそらくそうした巷間での評価は、事実そのとおりだったと思われ、遺存する作品の大半は、通常の浮世絵師が使用することのできない高価な絵の具や、絹本《けんぽん》がふんだんに用いられていることからも、十分に頷《うなず》けるところである。また注文者も、富裕な町人層だけではなく、大名家からの依頼にも応じていることが知られている。もっとも、この年代に活躍した磯田湖竜斎や、北尾重政といった高名な浮世絵師たちの支持層も、教養を身につけた旗本や大名家におよんではいたが、これらにくらべても春章のそれは群を抜いていたとみていいだろう。

幅広いファン層と、名声を獲得していた春章のもとには、当然のように多くの門人たちが集まっていった。安永七年（一七七八）、それまで版木彫りを生業としていたといわれる鉄蔵は、一九歳で当時としては最大の浮世絵画閥を形成しつつあった、春章率いる勝川派への入門を果たしたのであった。

春朗期の時代区分と勝川派

勝川派入門とデビュー

鉄蔵が春章に入門した安永七年（一七七八）には、まだ多くの門人がいたわけではなく、この一派の中では古参に属していたことが、系譜をたどってみると明らかになる。しかし春章人気はすでに不動のものとなっていて、希望すれば誰もが簡単に入門できたとは、どうみても考えがたい。だとすれば、鉄蔵にはどのような伝《つて》があったのだろうか。突然の飛び込みということも絶対にないとはいえないが、それより版木彫り自体がつねに版元と直結した仕事であったことを思えば、案外と浮世絵関係者との接触をもつ機会もすくなくなかったとみる方が自然だろう。それにもましていっそう不思議に思えるのは、一九歳という年齢から推して、彫師として十分な収入を得られるような職人に成長していたとは考えられず、入門時に必要であっただろう束脩《そくしゅう》をどう捻出し、修業の期間をどう食いつないだのだろうか。

絵師として自立する経緯を考えるうえから、けっして小さな問題ではないだろう。あるいは従来からいわれるように、この時期の鉄蔵には何者かの庇護があったと想像することも、あながち無理ないところであるかもしれない。いずれにしても翌安永八年には画界に登場していることだけは事実なのである。

それは、現在確認されるところで制作年代が最上限に位置する作品として、八月上演の芝居に取材した役者絵三点（筆者は二点のみ披見している）が知られているからである。いずれも細判《ほそばん》で、一つは八月一日から市村座で興行された「新薄雪物語《しんうすゆきものがたり》」より「瀬川菊之丞《せがわきくのじょう》　正宗娘《まさむねむすめ》おれん」を発表し、もう二点は同じ八月一日から中村座で上演された「敵討仇名《かたきうちあだな》かしく」の「岩井半四郎《いわいはんしろう》　かしく」と「市川門之助《いちかわもんのすけ》　小間物屋六三郎《こまものやろくさぶろう》」がそれである。このうち、「瀬川菊之丞　正宗娘おれん」と「岩井半四郎　かしく」をみると、けっして上手なできばえとはいえないが、デビュー早々の作品であるからか、画面の細かな部分にまで丹念な描写がおこなわれていて、これから絵師として自立しようとする謹直な作画姿勢が十分にうかがえるものとなっている。こころみに翌九年に出版された、同じ細判で岩井半四郎を描いている「岩井半四郎　おかる」と「かしく」（図2）をくらべてみれば、その入念さに大きな開きがあることは明瞭である。

ところで、これら安永九年の作品には、いずれも「勝川春朗画」の落款が用いられている。いうまでもなく「勝川」は画姓で、勝川派の絵師であることを示し、「春朗」は春章から与えられ

図2　岩井半四郎 かしく（右），岩井半四郎 おかる（左）

た画名（号）である。つまり絵師となって、最初に用いたのが春朗という画名だったわけだが、春の字は春章からとわかるものの、もう一字は何から採られたのだろうか。じつはこれも春章に「旭朗井《きょくろうせい》」という別号があるので、朗の字はここからとわかり、二字とも師名から与えられたものだったと知られるのである。これは破格のあつかいだったとみていいだろう。同門で二字とも師名から画号を与えられたというのは、春朗よりやや先輩の春旭《しゅんきょく》（生没年不詳。安永五年には黄表紙の挿絵があることが知られている）や、春井《しゅんせい》（生没年不詳。『原色浮世絵大百科事典』第二巻、上田収二氏の解説による）という絵師が知られる程度である。おそらくこうしたあつかいは、春章の期待がきわめて大きかったからにちがいない。

春朗が画界に登場する経緯については、いまだ不明瞭な部分もすくなくない。とくに前掲の細判役者絵三点を処女作とみなしてよいのかも、残された大きな課題の一つといえるだろう。現在、春朗のデビューが安永八年九月ごろと信じられている根拠は、唯一、この三点の作品が制作年の最も上るものという、それだけだからである。

春朗時代の画風区分

安永九年、浮世絵界に登場した春朗は、この号を寛政六年（一七九四）までの約一五年間にわたって用いている。かつては、この年代を単純に習作の時期とみなし、勝川の画様式を習得することのみに励んで、作品上からはあまり個性的な特徴を見い出すことはできないと考えられていた。だが現今では、詳細な作品調査もだいぶ進展して、ある程度の画風変遷をたどることも可能となってきた。

　ここではそうした最近の成果をふまえて、画風の変遷からみる大まかな年代区分をそれぞれの特徴をあげながらみてゆくことにしよう。
　①第一期　安永八（一七七九）～天明四年（一七八四）ごろ
　画界に登場してから、約五年余の期間を第一期とみなしておきたい。年を追ってみてゆくと、だいたい天明元年ごろまでは師風の模倣の域を脱せず、人物表現などにはぎこちなさが目立つものの、安永九年には黄表紙《きびょうし》（初作とされるのは、『白井権八幡随長兵衛　驪《めぐろのひよく》比異（翼）塚《づか》』二冊、西村屋与八版。作者名はないが、春朗の自画作とされる）の挿絵に進出している。さらに翌天明元年には、洒落本《しゃれぼん》や、咄本《はなしぼん》にも手をのばすなど、意欲的に作域拡大をこころみていることが知られる。

　同二、三年ごろに入ると、画風はやや安定したものとなり、春朗独自な特徴も指摘できるようになる。とくに錦絵でも従来からの役者絵だけではなく、若干の美人図などがみられるようになり、当時人気の高かった鳥居清長（一七五二～一八一五）の影響を受けた、ふくよかな女性像も見い出すことができる。一方、挿絵においても、天明二年春刊行の洒落本『富賀川拝見《ふかがわはいけん》』（一冊、蓬莱山人帰橋述、上総屋版）では、情趣に富む男女の濃《こま》やかな様子を描いて、佳作とすべきである。

　四年に入ると、いっそう個性も顕著なものとなり、黄表紙の中には後年の挿絵本にみられる発想と共通するような挿図すら見い出すことができる。

なお天明二年ごろの作品として、万里の落款をもつ数点の美人図が春朗作であるとされるが、筆者はいまだその正否については、結論をだすにはいたっていない。

②第二期　天明五（一七八五）～六年（一七八六）ごろ

この約二年間は、黄表紙の挿絵などからみると、それまでとはできばえに大きな差があり、春朗の身辺になんらかの変化があったとも受けとれる時代である。それは作品のみからではなく、天明五年の黄表紙には「春朗《しゅんろう》改《あらため》群《ぐん》馬《ば》《ま》亭《てい》画《が》」と署し、翌六年の黄表紙にも同一の署名と「群馬亭画」と署しているからである。また「両国の水茶屋」と題された錦絵にも、「春朗改群馬亭画」とあることから、この時期に改号をおこなっていることは明らかなのである。

いったいこれはどう解釈すべきなのだろうか。群馬亭という号自体が別号というだけであれば、当時のほとんどの絵師がいくつかの画号を併用しているので、なんら特別なことではないが、改号ということは重大である。つまり、師の春章から与えられた号を返上したと考えられるからである。これについては、春朗時代全般の動静を考えるうえで重要な問題であるので、後にまとめてふれることとしたい。

③第三期　天明七（一七八七）ごろ～寛政四年（一七九二）

この二八歳から三三歳にかけての約五年間は、春朗期の中では最も充実した年代だったといっていい。とくに寛政に入ると、作品量は急激に増加し、画風も一見して春朗の作画と判別できるものとなっている。作品内容についても、従来からの役者絵や美人図などはもちろん、子供絵、武者絵、名所絵、おもちゃ絵、宗教画、相撲絵や、浮絵《うきえ》による名所風俗画（浮絵は、西洋から入った透視画法を用いた作品）、絵暦《えごよみ》（正式には大小略絵暦《だいしようりやくえごよみ》といい、大小月や閏月を示す簡単な絵入りの暦）など、あらゆる題材や分野に以前にもましてチャレンジしており、目を見張らせるほどの研鑽ぶりが十分にうかがわれるものである。また黄表紙の挿絵も、天明七、八年の二年間にはみられなかったが、寛政に入ると連年発表しつづけ、山東京伝《さんとうきようでん》など高名な戯作者との提携もみられることから、一般への認知度も、ある程度高かったものと思われるのである。

こうした努力と活躍によって、勝川派の中堅絵師としての知名度と、地位を上げつつあった春朗だったが、師春章は寛政四年一二月八日に、享年六七で他界してしまうのであった。

④第四期　寛政五（一七九三）～六年（一七九四）

春章が没してほどない翌寛政五年正月に、春朗は丑年にちなんだ絵暦「牛車図」を発表した。その画中に「叢《くさむら》春朗画」という画姓を用いている。すでに天明五年ごろに、画号を群馬亭と改めた事実があったが、客観的にみて画姓変更はそれより重大な意味をもつものと考えられる。というのは、画号は作品上の個人名であり、勝川派の絵師のままで改号をおこなったとも受けとれるが、それに対して画姓自体は同じ画様式をもつ集団に所属していることを表明するものだからである。であれば、画姓の変更をおこなったということは、春朗が勝川派から離脱したことを意味すると考えるのが自然ではないだろうか。

　従来、この画姓変更の時点で、春朗の勝川派離脱がおこなわれたとする見解もあったが、大方は同六年中と考えられてきた。かくいう筆者も、なんら根拠をもたないまま六年説を支持しつづけてきた一人だったことを打ちあけておきたい。ともあれ、この問題については、群馬亭号とともに、次項でもう一度検討を加えてみるつもりである。

　叢の画姓を用いて以降、春朗作品には二つの大きな特徴を見い出すことができる。それは、役者絵や黄表紙などをみると、今までどおり勝川様式で作画されているのに対し、絵暦やこの時期に進出した分野の作品では新たな画風をみせていることである。たとえば、横長判の摺物《すりもの》（摺物は私家版の版画で、狂歌の発表あるいは名弘《なひろ》めや演劇の案内などとして作成されたもの。横長判は約一九×五三センチ程度）では、「冷水《ひやみず》売り図」（葛飾北斎美術館蔵）や「菊籬《きくまがき》図」（東京国立博物館蔵）などがあり、今までにない新画様を示している。この他新たな分野としては、次期の宗理年代から傾注しはじめる狂歌絵本に『狂歌　聯合女品定《つらねあわせおんなしなさだめ》』（一冊、三陀羅法師撰、細工叢春朗、板木屋鉄次郎版）という本があったとされ（古堀栄「叢を名乗った画工」『浮世絵界』四ノ二）、筆者も長巻の名所を描いた絵半切《えはんぎれ》を実見している。また、該期以前から制作していたと思われるが、叢春朗の落款をもつ肉筆作品「鍾馗《しょうき》図」（絹本一幅）も、つい最近再発見され話題をよんでいる。ところで、叢という画姓を用いた絵師は春朗以外にもいたのだろうか。古堀栄氏は前掲論文で、春朗のほかに豊丸《とよまる》、国麿《くにまろ》をあげておられ、また楢崎宗重氏も貫露という絵師をあげておられる（『北斎論』昭和一九年、アトリヱ社）。してみると、叢の画姓は春朗の思いつきで用いられたものではないようだが、意味するところは明らかとなっていない。研究者間では「クサムラ」と呼んではいるが、他にもソウ、ムラ、ムラガルなどと読め、飯島虚心は「ムグラ」、安田剛蔵氏は「ムラ」説を支持されている。筆者は、肯定も否定もできるだけの根拠をもたないので、現時点では従来どおり「クサムラ」としておきたい。

勝川派からの離脱

　春朗が勝川派から離脱したのは、最古参の兄弟子春好《しゅんこう》（一七四三〜一八一二）との不和によって破門させられたとする説。あるいは春章に隠れて狩《か》野《のう》派《は》の画法を学んだため破門になったとする説などが伝えられるが、このいずれも明らかとなっていない。しかし、『浮世絵類考《うきよえるいこう》』（大田南畝《おおたなんぽ》原撰。原本は残されておらず、多くの写本によって内容が伝えられている）の式亭三馬《しきていさんば》書き入れには、「後年破門セラレテヨリ勝川ヲ改メ叢春朗ト云」とあり、また『増補浮世絵類考』（斎藤月岑《げっしん》撰、弘化元年）では、「故有リテ破門せられ、叢春朗と云《いえ》り」とあることから、春章存命時には破門させられたという風評があったことは事実で、それだけに破門説の信憑《しんぴょう》性も高いとみるべきである。では、それはいつのことなのだろうか。この二書に従えば叢を名乗った寛政五年より前であり、また研究者の大方の見解としては寛政六年ごろとされている。

飯島虚心は古老たちの言い伝えや、関場忠武《ただたけ》の著した『浮世絵編年史』（明治二四年）などから、この間の興味深い話を紹介しているので、現代文に要約し紹介してみよう。

春章は、春朗が密かに狩野某について画法を学んでいることを聞き、憤って破門した。そのため勝川を名乗ることができなくなり、叢春朗と号した。天明五年、春朗を改めて群馬亭と称し、同七年には俵屋宗理の画風を慕って菱川宗理と号した。このころ小伝馬町に住して狂歌の摺物を制作し、依頼も多かったが生計を立てるにはいたらず、七味胡椒を売り歩いたりした。また年の暮れに柱暦《はしらごよみ》を売り歩いて浅草蔵前で春章夫妻に出会い、面目を失った（この話は、北斎がかつて版元の山口屋藤兵衛に語ったものという）。

虚心の記す内容は大略以上のようなものである。この話が、どの程度信頼のおけるものかは明らかでないが、春朗の動静と他の資料との比較によって、すくなくともいくつかの共通点と推測へのヒントを与えてくれるものと思われる。とりあえず内容順に吟味してみることにしよう。

まず、春章が春朗を破門したとするのは『浮世絵類考』等と共通するところであるが、そのために叢春朗と号したとすれば、春章の没年も勘案して寛政四年中でなくてはならない。だが話は逆戻りして、天明五年の群馬亭の改号にもとづいているので、虚心自身は叢を画姓としたのはそれ以前のことと考えているようである。さらに実際は寛政六年末から同七年の宗理襲名を天明七年と誤ってしまっている。

しかしここでは叢春朗の問題をいったんはずし整理してみると、意外とつじつまのあう合理的な解釈が導きだせるのである。

たとえば群馬亭の改号は、虚心のいうとおり天明五年にはおこなわれており、この時期に勝川派からいったん離脱していたと考えても矛盾はないだろう。春章から与えられた春朗名を返上するという、重大な事柄であったことを客観的に考慮すればかえって妥当な解釈といえる。しかし何らかの理由によって勝川派へもどり、第三期にみられるような活躍ぶりを示したと想像できなくもないのである。さらに春朗自身の動静と照らしあわせてゆくと、ふたたび勝川派に身をおき、春章の期待に応えるかのように研鑽をつづけたが、寛政四年の師の他界で、庇護してくれる者も派中にはなく、また学ぶものもすでにないことから、破門を受けたのに近いかたちで離脱したのではないだろうか。なぜなら、その理由が二つ考えられるからである。その一つは、厳重な破門宣告を受けたのであれば、たとえ春章が没したとはいえ、いまだ勝川派は一大勢力を誇っているのであるから、春朗に圧力をかければ絶大であっただろうし、わずかではあれ役者絵や黄表紙のような今までどおりの注文を版元から得られるものだろうかという点である。もう一つは、春朗自身の作画傾向にうかがわれるのである。たとえば役者絵は急激に減少しているし、黄表紙も寛政六年には三種の出版が知られているが、そのいずれも勝川派に遠慮がちに無款となっている。

それとは反対に、新たな分野である摺物や狂歌絵本類に進出しはじめ、画風すら変化を求めようとしているのである。後述するが、つぎの宗理時代に入るとこうした傾向はさらに顕著で、春朗期に手がけたような錦絵の作品はほとんどなく、直接版元との交渉をもたない摺物に力を注ぎ込むのであった。

以上のような理由から、第四期はすでに勝川派からの離脱を果たしていた可能性が強く、また宗理期を迎えるための移行期間といった年代とみなされるのである。

宗理様式の時代

宗理派の果たした役割

様式からの時代区分

春朗《しゅんろう》は、寛政六年八月ごろに摺物《すりもの》で「砧打図《きぬたうち》」(「寅南呂　君馬亭春朗画」の落款があったという。南呂は八月の異称)を発表したとされ、それ以降、年内の動静は明らかとなっていない。しかし翌七年の正月には、数点の絵暦と狂歌絵本に挿絵を寄せて、画中にはいずれも「宗理《そうり》」という新たな画号を署している。つまり摺物の存在が事実だとすれば、六年の八月から一二月にいたる四ヵ月の間に宗理となったわけだが、七年の作品は絵暦や狂歌絵本という木版印刷によるものであるから、あまり年もおしつまった時期ではなかったと想像される。

後述するが、この宗理という画号は、俵屋《たわらや》と称した琳派《りんぱ》の頭領が用いた画名であるので、春朗はたんに改号をおこなったというのではなく、確実に勝川派から離脱し、襲名をしたことが知られるのである。今のところ春朗と宗理派（俵屋宗達《そうたつ》などとの混同を避けるため、以下「宗理派」とよぶ）との間にどのような結びつきがあったのかは、徴すべき資料もなく明らかになっていないが、少なくとも勝川派から破門されたという風評を考えれば、浮世絵の中枢からやや離れた立場に身をおいたことは、賢明な処置だったといえるだろう。

ところでこの年代は、様式面や作画傾向からみると、宗理を襲名した寛政六年から同一〇年秋ごろの独立後にもおよび、だいたい享和四年（文化元年）ごろまでと便宜上考えておきたい。冒頭の時代区分の中でもふれたが、宗理となって狂歌の世界と深く結びつき、多くの摺物や狂歌絵本の挿絵をものし、肉筆画にも多数の佳作を残している。

またこの約一〇年間のうちには、北斎辰政《ときまさ》、画狂人《がきょうじん》北斎などとも改号して、「宗理風」あるいは「宗理型」ともよばれる独自の画風で高い世評を得たのであった。こうした宗理様式を示した年代は、厳密には文化四年ごろまでつづくのであるが、文化初年ごろから狂歌関係の作品より、しだいに読本挿絵に傾注しはじめるので、いちおう享和年間までを「宗理様式の時代」とみなしておきたい。

江戸琳派の先駆

俵屋を称する一派は、これまで春朗が活動してきた浮世絵の画派ではなく、琳派とよばれる装飾画を目指す一門であった。

いうまでもなく琳派は、桃山時代末期に俵屋宗達、本阿弥光悦《ほんあみこうえつ》などによってはじめられた装飾的要素の強い絵画で、尾形光琳《おがたこうりん》、乾山《けんざん》兄弟へと受け継がれていった画様式である。しかし本来、派とよばれているのであるから、師弟あるいは血縁などによって形成された集団と考えられがちであるが、この場合だけは直接の関係がなくとも絵画様式を継承した者たちを指し、その中でも特徴を顕著にした光琳にちなんで近年にいたり琳派と呼称されているのである。

こうした琳派の流れは乾山以降一時沈滞したが、一八世紀中葉ごろに上方から江戸の地に移って、いちだんと活発な展開をみせることとなる。だが、従来の上方での雰囲気とは異なった江戸の嗜好に融合した洒脱な傾向に変容して、独特な芸術性を完成させていった。この江戸での琳派活動は、今日では上方との相違を区別してとらえるために、江戸琳派と名づけられている。新たなこの琳派活動の中で、従来と最も異なる点は、師弟関係による画派が形成されていったことだったと思われる。

宗理派はそうした琳派活動の先駆的な役割を果たした一門といえ、画名を継承し画派を形成して、江戸で画様式の普及に努めた一門だったのである。しかしこの派は、後に江戸琳派の最も著名な絵師として活躍した酒井抱一《ほういつ》（一七六一〜一八二二。どういう理由からか、抱一からが江戸琳派の絵師とみなされ、現在のところ宗理派はそれ以前の絵師として扱われている）や、その一門の絵師にくらべると遺存作品は極端に少なく、活動の実態はあまり明らかとなっていない。

宗理派についての、江戸時代の文献はきわめて少ない。あえて基本資料とされるものをあげれば、朝岡興禎《おきさだ》編著の『古画備考』（手稿本。活字本は明治三四年に太田謹により『増訂古画備考』として刊行されている）と、『浮世絵類考』を中心とするその系列の類考、さらに酒井抱一によって文化一二年（一八一五）に版行された『尾形流略印譜《おがたりゅうりゃくいんぷ》』などがある。

このうち『古画備考』では、「宗理初め住吉広守の門人、後光琳の風を画く、明和安永頃の人なり」とし、初代宗理は住吉派の広守（一七〇五〜七七。住吉派は大和絵の一派）の門人として、「宗理—宗琳（秋田へ参）—宗理—北斎」と、四人の絵師の系譜をのせている。

では『浮世絵類考』の系列本ではどうだろうか。三馬書き入れの北斎の項では、「其後俵屋宗理ガ跡ヲ続テ二代宗理トナル、後ニ故アリテ名ヲ家元ニ帰ヘシ北斎辰政ト改ム、三馬按、三代目ハ初メ宗二ト呼べリ」とあり、この内容から系譜をまとめると、「宗理—北斎—宗理（門人の宗二）」ということになる。

同じ琳派の抱一がまとめた『尾形流略印譜』では、北斎以前の宗理一名のみの紹介で、「宗理俵屋を名のる初め住吉広守の門人、後光琳の風を画く明和安永の頃の人なり」としている。

以上のように、この三系統の文献で共通する部分は、初代宗理が住吉広守の門人で、明和・安永ごろに活躍したという点のみである。系譜にいたっては、『古画備考』が北斎の宗理を四代目とし、宗琳《そうりん》という絵師をあげている。これに対し『浮世絵類考』では、北斎の宗理を二代目とし、その下に門人の宗二をおいている。このいずれの内容が正しいかは明らかでないが、明和・安永ごろに俵屋宗理を名のる絵師が実際存在していて、純然たる琳派の画様式を受け継いだ作品を描いているので、その絵師が初代と考えられている。しかしつい最近まで、『古画備考』のみに名をのせている宗琳という絵師については、遺存する作品が知られていないことから、実在を疑問視する見解もあった。これに対し伊藤めぐみ氏は実際の作例をあげ、この人物が高麗此太郎《こまこたろう》という名であったことを突きとめておられるので（「宗理研究の再検討（二）」『北斎研究』二四、平成一〇年）、意外と『古画備考』の信頼度は高いものともみられるが、はたして北斎以前に宗理が二名存在したのかはいまだ結論をみていない。

ではその明和・安永ごろに活躍した宗理とは、どのような傾向の作品を残しているのだろう。現在、約五〇点ほどの肉筆画が知られているが、代表的な作例をあげてみると、「楓《かえで》図屏風」（紙本六曲一隻、萬野美術館蔵）、「禊祓《みそぎばらい》図」（絹本一幅）、「燕子花《かきつばた》図」（紙本扇面一幅）などが典型的な琳派様式を受け継いだもので、また「乙御前図」（紙本一幅）には「法橋《ほっきょう》光琳筆意　宗理画」と署しており、別の「朝顔図」（紙本一幅、葛飾北斎美術館蔵）には光琳が用いたのと同じ印文の「潤声《かんせい》」印が認められるなど、伝えられるとおり光琳様式を目指した絵師であったことが知られるのである。

一方、こうした肉筆画とともに、いく種かの版本挿絵も確認されている。虚心以来あげられていた作品としては、宝暦八年（一七五八）に刊行された俳書『世諺拾遺《せげんしゅうい》』（一冊、巨川編）があったが、さらに伊藤氏はこれより年代の溯る宝暦五年の俳書『俳諧《はいかい》絵《え》風流《ふうりゅう》』（二冊、万千百太著）と、同九年の俳書『逸《いつ》志《し》十三回《じゅうさんかい》忌《き》集《しゅう》』（一冊）の二種を新たに紹介され、とくに『俳諧絵風流』によせられた「宝船図」にみられる「菱川《ひしかわ》宗理《そうり》図」の画姓に注目しておられる（「宗理研究の再検討（一）」『北斎研究』二三、平成九年）。

わずかな作例ではあるが、これらをみるだけでも宗理が光琳風な肉筆画を描き、俳諧とも深い関係があったことがうかがわれるのである。では、宗理作品はどのような評価を得て、どのような人々に愛好されたのだろうか。

じつは当時の黄表紙や洒落本のいくつかに、宗理作品が話の筋や挿図中に画中画《がちゅうが》として出てくるのである。それらをみると、富裕な町人の屋敷や遊廓などの屏風、袋戸棚などにあるとされていることから、町人層のそれも通人《つうじん》とよばれるような人たちに好まれた、流行絵師であったと想像される。

宗理派の変容

北斎の宗理が登場して宗理派は大きく変容したといっていい。それは従来の宗理が光琳風な肉筆画を描き、俳諧とも関係をもって、いく種かの俳書に挿絵をよせていたのに対し、そうした作品がほとんどみられなくなってしまうからである。

かわって肉筆画は、美人図をはじめとする風俗画や中国の伝説にもとづく作品が大半を占めるようになり、俳諧との関係もほとんどみられなくなってゆく。それに反して、当時盛行した狂歌界と深いつながりが開始され、狂歌の摺物や狂歌絵本の挿絵に重きがおかれるようになってゆくのであった。画風の面でも先代とは大きく異なって、宗理号は襲名したものの、遺存作品のうえでは様式の継承は一部をのぞいてほとんど認めることはできなくなってしまう。つまり、新生宗理派の誕生ともみられ、新たな傾向は門人でのちに宗理を襲名した宗二にそのまま受け継がれていくのである。ここに琳派の一門でありながら、従来の様式は多様な画風の一部となって、作画の大半は浮世絵的なものへと変貌したのであった。同時代の酒井抱一が、『尾形流略印譜』で明和・安永ごろの宗理しか紹介していない理由は、本来の琳派から大きくはずれたためだったのではないだろうか。

では、北斎の宗理が重きをおいた当時の狂歌界とその所産である摺物、狂歌絵本とはどのようなものだったのだろうか。まず瞥見しておこう。

狂歌とは、滑稽や機知に富んだ言葉を盛り込んだ、五七五七七（三一文字）から成る五句体の短歌で、成立は平安時代に溯るとされる。江戸の初期には上方で流行をみたが、江戸の地では、明和六年に唐衣橘洲《からごろもきっしゅう》（一七四三〜一八〇二）宅で開催された狂歌会が、隆盛の発端であったという。この橘洲は伝統的な詠風を主張したが、明和六年の会にも出席していた四方赤良《よものあから》（大田南畝、一七四九〜一八二三）らは機知と滑稽を主眼とした。そして自由奔放な赤良の活動により、江戸の狂歌はしだいに大きな流行をみせていった。このような隆盛にともなって当時いくつかのグループが組織されてゆき、元木網《もとのもくあみ》（落栗庵、一七二四〜一八一一）率いる落栗連と橘洲の四谷連が和学系で、赤良の四方連と朱楽菅江《あけらかんこう》（一七三八〜九八）の朱楽連は山手側と総称されたのであった。天明年間（一七八一〜八九）にはいると、三年以降、山手側の詠風が一大流行し、いわゆる「天明ぶり（天明調《ちょう》）」と評されて、各階層に絶大な人気を博したのである。

以上のような狂歌の一大流行から、それまで俳諧でおこなわれていた、私的な配り物だった摺《すり》物《もの》が、狂歌師たちの間でも盛んに版行されるようになったのであった。それらは注文した狂歌師の詠歌とともに、絵師に依頼して歌意にそった絵も一緒に刷り込まれたものが大半で、特殊な例をのぞいてほとんどがプライベートなものだけに、高級な用紙に高度な彫り摺りの技術が用いられたのである。

吉田暎《てる》二《じ》氏は、狂歌摺物の最初について（『浮世絵事典』中巻、昭和四六年三月、画文堂）、この摺物の初めについては、大田蜀山人《しょくさんじん》の「奴師労之」に「酒の上熟寝は狂名のはじめにして大根太木は狂歌の歳旦摺物《さいたんすりもの》のはじめなり」とあり、また同じく蜀山人の「俗耳鼓吹」には、「市村家橘狂名を橘大夫元家といふ、天明五年二月十八日より堺町へすけに出て、三ツ人形の所作事大入也此時狂歌連中三枚の摺物各二百枚づつおくる、これ芝居狂歌すり物のはじめ歟」とある。

と、歳旦摺物（正月に配る摺物）や、芝居関連の狂歌摺物などの文献を紹介しておられる。

また狂歌絵本は、数十、数百という一枚摺りの摺物ではのせきれない狂歌を紹介した、木版摺り絵入りの冊子や帖《じょう》のことで、いく人もの狂歌を撰んでのせた撰集と、個人の狂歌を収録した家集とに分けられるが、家集の作成には高額を要したために、大多数は撰集であった。

宗理期の作品

宗理期作品の特徴

北斎が宗理《そうり》を号したのは、寛政六年（一七九四）からとすれば同一〇年の秋ごろまでに改名をおこなっているので、約三年弱と意外に短い期間であった（作品のうえでは約二年半）。この間のことを『浮世絵類考』は、「これまた狂歌はいかゐ等の摺物画に名高く、浅草大六天神の脇町に住」とし、また別の類考（曳尾庵本《えいびあんぼん》）にはつづけて、「すべての摺物の画は錦絵に似ざるを尊ぶとぞ」と記している。さらに斎藤月岑《げっしん》の『増補浮世絵類考』では、「宗理の頃は狂歌の摺物多し錦絵はかゝず」とある。事実、宗理年代の錦絵は現在のところ一点も発見されていない。さらに不思議なのは黄表紙《きびょうし》の挿絵で、寛政七年に二種、八年一種、九年一種が宗理作品とされているが、そのいずれも無款《むかん》なのである。

こうした傾向は宗理年代のみであることから、襲名するにあたって錦絵や黄表紙の挿絵など、浮世絵師が手がける仕事は禁止されていたのではないかとする見解もある。そのような約束が実際にあったかもしれないが、門人の宗二には錦絵作品の存在が知られているので、かりにそうであったにしろ、さほど厳重なものだったとは考えがたい。むしろ勝川派離脱のときに、破門されたとの風評もあることから、宗理自身の遠慮が強く働いていたと考えるべきではないだろうか。勝川派にも、また版元たちに対してもである。そうとらえる方が、なぜ浮世絵でなく琳派の画派に身をおいたのかが、つじつまのあうものとなってくるからである。

具体的にいうと、宗理襲名後、勝川派のお家芸であった役者絵をほとんど描かなくなり、版元の意向で出版が左右される錦絵からも遠ざかって、絵暦《えごよみ》や摺物に専念することを選んだ理由も理解しやすく、急速に画風の変化をみせていることも、また同じ理由と考えられる。だからこそ直接版元と仕事をする黄表紙の場合は、やむをえず無款での発表となったのではないだろうか。してみると、宗理時代は浮世絵にきわめて近い仕事をしながら、復帰のときを待つ冷却期間であったともみなせるのではないだろうか。宗理派からの独立後、水を得た魚のように浮世絵師としての仕事を精力的にこなしていくのは、こうした冷却期間によってある程度障害が取りのぞかれたためとも考えられるのである。

版本と絵暦・摺物

では、独立直前までの作品傾向をみてみたい。すでにふれたが、寛政七年（一七九五）には宗理落款の作品として、若干の絵暦と狂歌絵本が知られ

図3　花　卉　図

図4『柳　の　糸』

ている。しかし純然たる摺物の存在は確認されておらず、現段階では翌八年の作品を宗理期の上限としておくしか致し方ない。狂歌絵本については、一月に刊行された『狂歌歳旦　江戸紫』（一冊、万亀亭花の江戸住撰、松山堂版）が、該期の上限を飾る作品として注目されるものである。宗理は、年礼に向かう男を後方から洒脱な筆致で描き、春朗《しゅんろう》時代とは別人かと思わせるほどの練達した技量を示している。なお本書には、初代歌川豊国《うたがわとよくに》、喜多川歌麿、鳥文斎栄之《ちょうぶんさいえいし》、山東京伝《さんとうきょうでん》、鍬形蕙斎《くわがたけいさい》といった錚々《そうそう》たる絵師たちも挿絵をよせていて、勝川派離脱からまもない時期だけに、その立場の変化には目を見張らせるものがある。

八年に入ると、作品量は急激な増加をみせている。絵暦だけでも一三点以上が知られるといわれ（長谷部言人《はせべことんど》『大小暦《だいしょうごよみ》』昭和一八年、宝雲社）、なかでも「豆まき図」には「法橋宗達図俵屋宗理写」と署しているので、琳派の様式に倣った貴重な作例とみなすことができるものである。これに対し摺物も正月から作例が見い出せ、「花鳥図」や「花卉《かき》図」（図3）には「北斎宗理」の署名が用いられていて、三八歳にしてはじめて記念すべき「北斎」号が使用されはじめたことがわかる。また春に出された「元結造り図」や「庭掃除の三美人図」では、いわゆる「宗理型」と評された瓜実顔《うりざねがお》で楚々《そそ》とした美人様式が、ほぼこの時点で完成の域に達していることがうかがわれるものである。狂歌絵本についても特徴ある作品をあげることができる。正月の刊行とみられる『帰化種《しきなみぐさ》』（一冊、清涼亭菅伎《せいりょうていすがき》撰）がそれで、挿絵は異国趣味の強い内容をみせているが、撰者の清涼亭の跋文《ばつぶん》には、「梅は光琳とうたひし俵屋の筆にあやどり」とあり、いぜん宗理を琳派の絵師としてみなしていることが知られるものである。

九年は、前年とくらべると、絵暦・摺物ともに倍増したかのような様相を呈して、多くが遺存している。こうした現象は、当然、北斎の絵暦や摺物の急速な人気上昇と、注文者の激増を意味していることは明らかで、また「宗理型」とよばれた叙情的な画風が一般に広く愛好され、世評を得ていたことも意味しているといっていい。狂歌絵本においても同じで、いちだんと絵師としての地位が向上していることがうかがえる。たとえば、この年の刊行とされる超豪華な狂歌絵本(帖)『左武多良加寸見《さんだらがすみ》』(一帖、三陀羅法師撰)では、大先輩にあたる北尾重政とともに挿絵をよせ、さらに春ごろ刊行の狂歌絵本(帖)『柳の糸』(一帖、浅草庵市人《いちんど》撰、蔦屋《つたや》重三郎版、図4)でも、鳥文斎栄之や重政らに伍して筆を執っているからである。これらは、たんに狂歌絵本の挿絵というだけでなく、いずれもこの年代における風俗図の佳作として、国内ばかりか古くから西欧においても高い評価が付与されている。

宗理号最後の年にあたる寛政一〇年も、依然として絵暦・摺物の数が多いが、比率としては摺物が多数を占めている。狂歌絵本も前年と変わらず、超豪華な画帖装《がじょうそう》に挿絵をした作品が目を引き、一月刊行の『男踏歌《おとことうか》』(一帖、浅草庵市人撰、蔦屋版)、同月刊『さむたらかすみ』(一帖、三陀羅法師撰)などは代表的なものといえるだろう。また一月刊行の狂歌絵本(帖)『深山鶯《みやまうぐいす》』

（一帖、流霞《りゅうが》窓《そう》撰）には、挿絵の「梅樹の図」中に「法橋光琳之図北斎宗理写（花押）」と署名があり、いまだ光琳への興味が失われていないことをうかがわせて貴重である。さらにこの年でふれておかなくてはならないのは、一月に刊行された山東京伝著の黄表紙『化物《ばけもの》和本草《やまとほんぞう》』（三冊、山口屋版）である。本書は、宗理時代に入ってはじめて黄表紙に画工名を記したもので、「画工可候《かこう》」としている。この可候は、当時手紙文で常用された「そろべく」と読めるが、画名としてはやはり「かこう」と読んだものと考えておきたい。新たな画号ではあるが、この後、戯作名としても一時期用いていて、北斎にとっては特殊な号であったとみていいものである。

肉筆画

ところで宗理を号したこの三年弱は、春朗時代とくらべて肉筆作品の増加が目立っている。現在確認される遺存作品は十数点が知られるが、そのいずれも作画された年月は決め手がなく明らかとなっていない。しかし落款や印影から分類をこころみてみると、大半は「北斎宗理」の落款で「宗理」単独のものは極端に少ない。また印影面ではいく種かが知られるが、肉筆画に用いられたおもだったものには、

1　方形白文（角印で文字部分が白く抜けているもの）［印］＝完知
2　方形二印―上朱文（文字部分が朱で捺されているもの）・下白文　［印］［印］＝辰　政
3　方形白文　［印］＝師造化《しぞうか》
4　円形朱文　㊞＝辰政

5　方形二印朱文　[印][印]＝北斎　宗理
6　方形朱文（手書きになる）[印]＝百琳《ひゃくりん》

などがある。これらのうち、1、5、6の三印は宗理年代のみの使用で、とくに5は寛政九年の狂歌絵本に同形のものを見い出すことができ、また6は手書きでほかに用例もなく特殊なものとみなすことができる。これに対し、2、3、4の印は宗理改名後も使用しつづけた印で、すくなくとも寛政八年は溯らないと考えられるものである。以上のデータからみると、宗理襲名直後の肉筆画は少なく、八年以降、後半になるにしたがってしだいに増加していったものとみられ、摺物や狂歌絵本などと同じく軌を一にして、巷間での宗理評価が年ごとに高まりをみせていったことがうかがわれる。

　では具体的にどのような傾向の肉筆画を制作したのか、代表的な作例だけでもあげておきたい。まず美人図では、優れた二例をあげることができる。一つは「遊女図」（紙本、北斎宗理戯画[印]＝完知、フリア美術館蔵）で、画面は黒い仕掛けを着た遊女の立ち姿のみが描かれている。面貌は瓜実顔《うりざねがお》富士額《ふじびたい》の典型的な宗理美人で、なまめかしい姿態は後年の北斎の特徴を顕著に示しており、春朗改名からほどない時期の作品とは考えがたいほどの完成度をみせていて、該期を代表する傑作の一つといって過褒《かほう》ではない。この「遊女図」が、着彩で細緻な筆づかいをみせているのに対して、それとは対照的に淡彩で一気に描き上げた肉筆画「夜鷹《よたか》図」（紙本一幅、北斎宗理画㊞

＝辰政、細見美術館蔵）がある。画面は、わずかに藍や朱が用いられている程度で、全体は墨絵に近い美人図である。蝙蝠《こうもり》が飛び交う柳の下で、黒い着物を着た夜鷹（下級の売女）の、客を待つ様子が後方からとらえられている。その名状しがたい情緒的な雰囲気は、宗理時代における美人図特有のものであるが、それにもまして柳葉一枚一枚の描写や、付《つ》け立《た》て（輪郭線をもたない無線で表現する画法）による着物の表現など、すでに練達した技量を示していて、たんに宗理時代というだけでなく、北斎美人図の代表的一点とされているものである。

他の風俗図では、「馬上農夫図」（紙本一幅、北斎宗理画㊞＝辰政、華渓《かけい》賛、日本浮世絵博物館蔵）や「瑞亀《ずいき》図」（紙本一幅、北斎宗理画印印＝辰政、華渓賛、奈良県立美術館蔵）などが佳作として知られる。双方とも着彩で入念なできばえを示したものだが、後述する稲葉華渓（三井親和門下の書家で、寛政一二年一二月に没。北斎とは狂歌絵本や摺物で多くの提携があった）の賛があることに注目されるものである。また中国の古典や伝説を題材としたものに「玉巵《ぎょくし》弾琴《だんきん》図」（紙本双幅、北斎宗理画印＝師造化）や「黄石公《こうせつこう》と張良《ちょうりょう》図」（紙本一幅、栄斎宗州応需《えいさいそうしゅうのもとめにおうず》北斎宗理画㊞＝辰政、日本浮世絵博物館蔵）などがある。

このように肉筆画にも多彩な題材にチャレンジしているところをみると、摺物や狂歌絵本などとともに意外と高い評価を得ていたと考えられるが、宗理期全体を見渡してみると、わずか数年にして春朗とは別人と思わせるほどの画技の進展が認められるのである。そうした特徴を明確に把握するためには、叢春朗から宗理へ移行する間の画風変化を詳細に調査することが不可欠であり、今後の大きな課題といえるだろう。

宗理改名と独立への気概

改名への準備

北斎が、宗理《そうり》を襲名してから約三年弱をへた。この間、画技は長足の進歩をみせ、摺物《すりもの》や狂歌絵本などの評判から確固とした地位を確立するなど、生涯のうちでもきわめて意義深い年代を迎えていた。だが寛政一〇年（一七九八）の秋ごろまでに、この宗理号を門人の宗二《そうじ》（生没年不詳）に譲り独立を果たしている。作品のうえからも、八月に配られた摺物「里芋にきりぎりす図」（画中に「うまの葉月」とある）には「宗理 改《あらため》 北斎画」と署しており、同月作画の肉筆画「張良《ちょうりょう》図」（絹本一幅、「寛政十戊午歳中秋丹斎辰路応需　北斎辰政[印][印]＝辰政」の落款がある）も知られていて、秋ごろまでに改名がおこなわれたことは明らかである。

この間の事情を『浮世絵類考』の三馬書き入れは、「其後俵屋宗理ガ跡ヲ続テ二代目宗理トナル　後ニ故アリテ名ヲ家元ニ帰ヘシ北斎辰政《ときまさ》ト改ム」として、たんなる改名ではなく、故あって

図5　亀　　　図

宗理号は俵屋の家元に返還したとし、さらに宗二についても「三馬按《あんずるに》三代目宗理ハ初メ宗二ト呼べリ、後年俵屋ヲ改テ菱川宗理ト名ノル」と記している。

三馬がいうように、宗理号は家元に返還されるというかたちだったのかは明らかとなっていないが、すくなくとも北斎は事前にそれなりの準備を遂行していた形跡があり、急な改名でなかったことだけは事実と思われる。その最も大きな理由は、改名後も作品上の落款をみると、周囲の人たちに先の宗理と同一人であることが、自然にわかるような画名の準備がなされていたことである。

具体例として宗理改名時に北斎自身が制作し、知己に挨拶として配布した摺物が残されているのであげてみたい。その摺物（図5、葛飾北斎美術館蔵）は三匹の亀が描かれていて、落款には「北斎辰政画印＝師造化」とあり、上部には稲葉華渓《かけい》の賛があって「宗理ぬしの改名に北辰の光りいよいよましなん事を　苔む花こや衆生のもてはやし　友人華渓題」とある。これらからわかることは、まず改名が「北斎辰政」であったことである。このうち「北斎」の画名については、寛政八年には「北斎宗理」としてすでに作品上に見い出すことができ、また「辰政」も宗理年代の肉筆画に最も多く使用された前掲の円形朱文（四六ページ）に用いられた印文であった。「師造化」の印についても、四六ページの3にあげているとおりで、改名といってもすべて宗理時代に用いていた画号や印文だったのである。さらに賛者の華渓については、前に二点の風俗図へ賛をしていることをあげておいた。この両者には緊密な関係があったようで、洒落本『辰巳婦言《たつみふげん》』（式亭三馬作、寛政一〇年）には「宗理にかいて（描いて）貰ったから華渓に賛をたのんだ」と、宗理の絵には華渓の賛という組み合わせが通でポピュラーだったらしく、摺物を受け取った人々に宗理が北斎辰政になったことを強く印象づけたに違いない。

このほかに考えられることとして、宗理時代からの印章を数種継続使用していることや、それまで無款だった黄表紙に、改名年の正月から「可候」の号を用いはじめていることも、独立後の活動を睨《にら》んでのことと考えられるのである。

独立と気概

ところで、宗理時代から用いはじめた「北斎」や「辰政」という号は、北斎自身が考え名のったとみられるものである（虚心は、北斎号は亀田鵬斎《ぼうさい》と相談して名付けたと、後年の門人露木為一《いいつ》の説を紹介している）。これらの号については、北斎が熱心な妙見信仰をおこなっていたことから、それにちなんで名付けられたとされている。

『広辞苑』（第四版）を引いてみると、妙見信仰とは「妙見菩薩。北極星あるいは北斗七星を神格化した菩薩。国土を擁護し災害を滅除し、人の福寿を増すという。とくに、眼病平癒を祈る妙見法の本尊。主として日蓮宗で尊崇。尊星王。北辰菩薩」とあり、北斎は日蓮宗信者で本所柳島妙見《ほんじょやなぎしまみょうけん》を尊信していたとも伝わっているので、従来からいわれているとおり、画号との関係は無視できないところである。

これに対し虚心《きょしん》は、その信仰ぶりと北斎辰政の画名について、「北斎辰政と号す、妙見を信仰するをもて名つく、妙見ハ、北斗星、即《すなわち》北辰星なり、其祠《そのほこら》、今本所柳島にあり、又嘗《またかつて》柳島妙見に賽《さい》せし途中、大雷のおつるに遇ひて、堤下の田圃に陥りたり、其の頃より名を著ハしたりとて、雷斗《らいと》と名つけ、又雷震《らいしん》といふ」として、妙見にちなんで画名を用いたことと、北斎が直接あった柳島妙見の霊験について紹介している。雷が落ちるのにあって名声を得たという話は別にしても、虚心がいうとおりすくなくとも晩年にいたるまで北斎自身が名のった画名の大半は、なんらかのかたちで妙見信仰に裏付けられたものであったことは確かなようである。

楢崎宗重氏は、辰政号をふくめた代表的な北斎の画名について、「北斎が柳島妙見を尊信し、この七斗星に因つて北斎と号し辰政といつたとすれば、辰政の辰は北辰の辰より、辰政の政は七政の枢機の政より採つて名づけたものであらう。のち自ら戴斗《たいと》といひ、これを門人にもゆづり、北斎・戴斗の号は彼の代表的画名になつたことから考へても、これには深い仔細が存してゐたと想像されるのである」（『北斎論《ほくさいろん》』）と、明快な解釈を開陳しておられる。

いずれにしても北斎は、強い妙見信仰に支えられて日々の作画活動に専念し、そこから生みだされる信念により独立をも果たして、ふたたび本来の浮世絵師という立場に復帰したのであった。その決意の一端を、前にあげた宗理改名摺物に読みとることができる。筆者がそう思えるのは、改名（独立）を表明する重大な告知の中に、あえて宗理時代から使用しつづけていた「師造化」

の印を選んで用いているからである。いうまでもなく造化とは、宇宙や万物、天地や自然を創造する神、また自然の順行や、天地宇宙そのものという。かつての師春章にも「画中造化」の印があるが、北斎はそれを意識しながらも、絵の中に造化があるという作画レベルの高さを自ら誇るのではなく、唯一の師は造化であると宣言し、気概を示したのであった。

ここにはじめて、何にも属さない北斎独自の画派を形成する記念すべき一歩を踏み出したのである。式亭三馬は、そうした北斎について享和二年（一八〇二）に著した黄表紙『稗史億説年代記《くさぞうしこじつけねんだいき》』（三冊、三馬画作）で、歌麿や写楽などとともに、北斎辰政も独立していることをあらわす浮き島の一つとして描き、「北斎独流の一派をたつる」と評している。

独立後の作品

寛政年間の木版作品

本章の冒頭でもふれたが、独立後の北斎が宗理《そうり》様式を残して作品を描くのは、おおよそ文化四年（一八〇七）ごろまでとみられている。しかし文化年間に入ると、従来から手がけていた狂歌絵本などからしだいに遠のいてゆき、かわって読本《よみほん》の挿絵に傾注しはじめるのであった。したがって、ここでは便宜的に享和年間までを宗理様式の時代とみなし、年次順に作画傾向を追ってみることとしたいが、まず寛政年間までの出版年が明らかな絵暦《えごよみ》や摺物《すりもの》、あるいは狂歌絵本をはじめとする版本の類に目を向けてみたい。

独立の翌寛政一一年（一七九九）をみると、絵暦や摺物の他に狂歌絵本があり、宗理年代となんらかわらぬ作画傾向を示している。しかし絵暦も摺物もいちだんと数量を増し、また佳作とすべきものも少なくないが、そのほとんどには「北斎辰政《ときまさ》」ではなく「宗理 改《あらため》 北斎画」と署しているので、依然として一般の宗理摺物に対する評価がいかに高かったかをうかがうことができるものである。

特徴ある摺物のいくつかをあげてみると、まず風景画的作品として「七里ヶ浜図」がある。画面は、波打ちよせる七里ヶ浜を江ノ島へ参詣する人々が細かく描かれているが、洋風な波の描法や透視画法が効果的で、淡い色調と相まって情趣ある作品となっている。美人図では「巳未美《みのひつじび》人合之《じんあわせの》内《うち》」と題された揃物の摺物が注目される。現在六図が確認されているが、そのいずれも大首《おおくび》絵《え》風な半身像で描かれたもので、入念な面貌描写は、いわゆる「宗理美人」とよばれた清楚な雰囲気をもつものである。このような摺物の連作《れんさく》は、年を追うごとにしだいに増加の傾向をみせるが、それには「側《がわ》」とよばれた狂歌師たちのグループが、勢力を競って活発な活動を展開したことによるものであった。「巳未美人合之内」は、浅草庵市人《いちんど》（一七七五〜一八二〇）が率いる浅草側《あさくさがわ》が北斎に依頼したもので、つぎにふれる狂歌絵本『東遊《あずまあそび》』などもこの側の撰集として梓《し》行《こう》されたものである。だいたいこの年代で北斎と深い関係をもつ狂歌師は、浅草庵市人をはじめ千秋側《せんしゅうがわ》とよばれた千秋庵三陀羅法師《さんだらほうし》（一七三〇〜一八一四）などをあげることができる。

狂歌絵本については二種の作品が知られている。その一つは、いま述べた『東遊』（一冊、蔦《つた》屋重三郎《やじゅうざぶろう》版）で、撰者は浅草庵市人である。内容は全六七丁（一三四ページ）から成る大冊で、全国三四の狂歌グループから四七一首を収載し、北斎の挿絵は全図墨摺ではあるが、江戸の名所

図6　『画本東都遊』蔦屋の店先

や名だたる祭りをはじめ、版元の蔦屋重三郎の店頭、あるいは長崎屋（オランダのカピタン一行が江戸で宿泊する定宿）など、ほかにあまり描かれることのない場所にまでおよんでいて、風俗資料としても貴重な一書といえるものである。また収載図のうち、「日暮里」「浅草祭」「新吉原」などは、ペン画にも匹敵する極細密描写となっていて、北斎渾身の力作といって過褒《かほう》ではない。おそらく当時、大きな評判をよんだと思われ、享和二年（一八〇二）には挿絵のみ北斎の監督によって色摺《いろずり》となり、『画本東都遊《えほんあずまあそび》』（三冊、蔦屋重三郎版、図6）と改題改装されて再出版されている。北斎にとっては記念的な狂歌絵本の一つといっていいだろう。もう一点は『萱江追善《かんこうついぜん》狂歌梢《こずえ》の雪』（一冊）である。本書は、朱良萱江《あけらかんこう》一周忌追善で刊行されたもので、北斎は見開きに一図のみ挿絵をよせている。挿絵自体には特別に指摘すべき部分は見い出せないが、注目されるのは「不染居北斎印印＝辰政」の落款である。この「不染居」という号は後年にも用いられているが、楢崎宗重氏は、「この号が宗理の画統を離れて間もなく、彼一流の画風新様式樹立の時に用ひられてゐるところをみると、この号にも他派を大いに兼学した時代から脱却して一流突兀《とっこつ》として聳《そび》え、決して他の流風に染まず、一家を成すものなることを意味するものと考へられるやうである」（『北斎論』）と解釈されておられる。

翌一二年に入ると、絵暦・摺物ともに減少傾向を示している。しかし落款をみると、「宗理改北斎」から「先ノ宗理北斎」、あるいは単独で「北斎」と変化をみせはじめている。

狂歌絵本では『東都名所一覧』（二冊、浅草庵市人撰、奥付には「北斎辰政」とある。蔦屋重三郎版）や、同年刊行といわれる『狂歌三十六歌仙』（一冊、千秋庵三陀羅法師撰、絵師名無款、西村屋与八版）などが知られる。このうち『東都名所一覧』は全図色摺となっていて、正月の「品川」から「浅草年市《としのいち》」までの二一図で構成され、江戸の一年の風俗を丹念に描写して、やはり前年の『東遊』と同じく力のこもった力作というべきであろう。本書もまた北斎を代表する狂歌絵本の一つとされているものである。

戯作への進出

一方、こうした狂歌関係の作品とは別に、同じ寛政一二年出版の黄表紙から新たな分野への進出を試みていることがうかがわれる。それは蔦屋重三郎から版行された『竈将軍勘略之巻《かまどしようぐんかんりやくのまき》』（三冊）で、署名は「時太郎可候画作《ときたろうかこうがさく》」とある。まだ宗理を号していた、寛政一〇年（一七九八）の一月に版行された黄表紙『化物和本草』にも「画工可候」の署名を見い出すことができるが、ここでは「時太郎可候」と新たに時太郎の名がでてくることに注目され、「画作」とあることにもいっそう驚かされるのである。画作とはつまり挿絵を描き戯作もしたということで、北斎の自画作が四一歳にしてはじめて発表されたことを意味している。今でいうなら文壇デビューをも果たしたということになるだろう。画界へ登場して以来の業績を縷々《るる》みてきたように、作画一筋というイメージからすれば、まったく驚きを禁じえないものがある。もっとも戯作の処女作については、安永九年（一七八〇）の黄表紙『白井権八幡随長兵衛驪比異（翼）塚』を最も早い春朗自画作とする見解があり、また、是和斎《これわさい》、魚仏《ぎょぶつ》などの筆名で戯作をおこなっていたという説もあるが、いずれも結論はだされておらず、ここでは本書に「画作」とあることを第一の根拠として、いちおう初作と見なしておきたい。ともあれ可候の筆名で戯作界にも進出を果たしたが、『竃将軍勘略之巻』以降、評判をよぶ作品をだすことはできず、寛政一三年（享和元〈一八〇一〉）に一種、同三年に二種を発表し、この方面での活動は自然と終息したのであった。

画狂人号の使用

享和元年をみると、絵暦・摺物とも少なく、また狂歌絵本も鳥文斎栄之《ちょうぶんさいえいし》が挿絵を担当した『錦摺女三十六歌仙《にしきずりおんなさんじゅうろっかせん》』（一帖、西村屋与八版）の見返しに一図描いているのみで、極端な減少傾向を示している。その原因は明らかではないが翌年正月に刊行された『五拾人一首　五十鈴川狂歌車《いすずがわきょうかぐるま》』（一冊）と思われる狂歌絵本の出版届が版元の蔦屋重三郎により九月に提出されており、この他重要な狂歌絵本数種も正月刊行となっていることから、こうした仕事に追われた年であった可能性は少なくない。また摺物も、量的には少ないものの、芸術性の高い作品が散見されるのは、この年の大きな特徴といえるだろう。

ところで、これら摺物をはじめとする作品を見わたしてみると、大半に「画狂人《がきょうじん》北斎」の署名が用いられている。この号はおおよそ文化三年（一八〇六）ごろまで集中して用いたもので、以降は「北斎」あるいは「葛飾北斎」となってほとんど使用されなくなり、わずかに合巻《ごうかん》や読本の奥付署名に用いられるか、あるいは印章の印文として見い出すことができる程度となる。また画号としては、この享和元年からとみられるが、印章に用いた例として寛政一一年（一七九九）の摺物に使用例がある。後述するが「画狂人」の落款を用いた年代は、最晩年とならんで優れた肉筆画を多数制作したことで知られ、壮年期を代表する画名の一つに数えられているものである。

翌享和二年（一八〇二）は、生涯のうちで最も優れた狂歌絵本の数種を発表した年であった。そのいくつかを紹介してみよう。

優れた狂歌絵本

まずあげておきたいのは、一月に刊行された『美《み》やこ登里《どり》』（一帖、春江亭梅麿《しゅんこうていうめまろ》序跋、丸屋甚八版、図7）である。本書は朱良菅江（寛政一〇年没）の系統を引く狂歌師たちの撰集で、北斎の挿絵は二三図を数える。その内容は、「洲崎」「佃島《つくだじま》」「梅やしき」「螺堂《さざいどう》」「三囲《みめぐり》」「首尾《しゅび》の松」「両国」「関屋の里」「真崎稲荷」「浅茅ケ原」「中洲三俣」「あや瀬村」「待乳山《まつちやま》」「駒形堂《こまがたどう》」「秋葉」「梅若」「浅草歳の市」「妙見の松」「一の橋」「今戸」「日本橋」「石場新地」「吉原」となっていることからわかるように、一部をのぞいた大半が隅田川をはさんだ浅草近辺と本所界隈の風俗を題材としたものである。いく図にもわたり隅田川に沿った風俗や景観を描いた作品としては、神田側（千秋側）の狂歌師たちによって翌三年に連作で発表された摺物（現在一〇図が知られるという）があり、さらにそれが発展したものとして狂歌絵本の『絵本隅田川《えほんすみだがわ》　両岸一覧《りょうがんいちらん》』（三冊。刊年は未定だが文化三年説がある）へと構想が引き継がれてゆくのである。そうした構想の最も早い作例

図7　『美やこ登里』

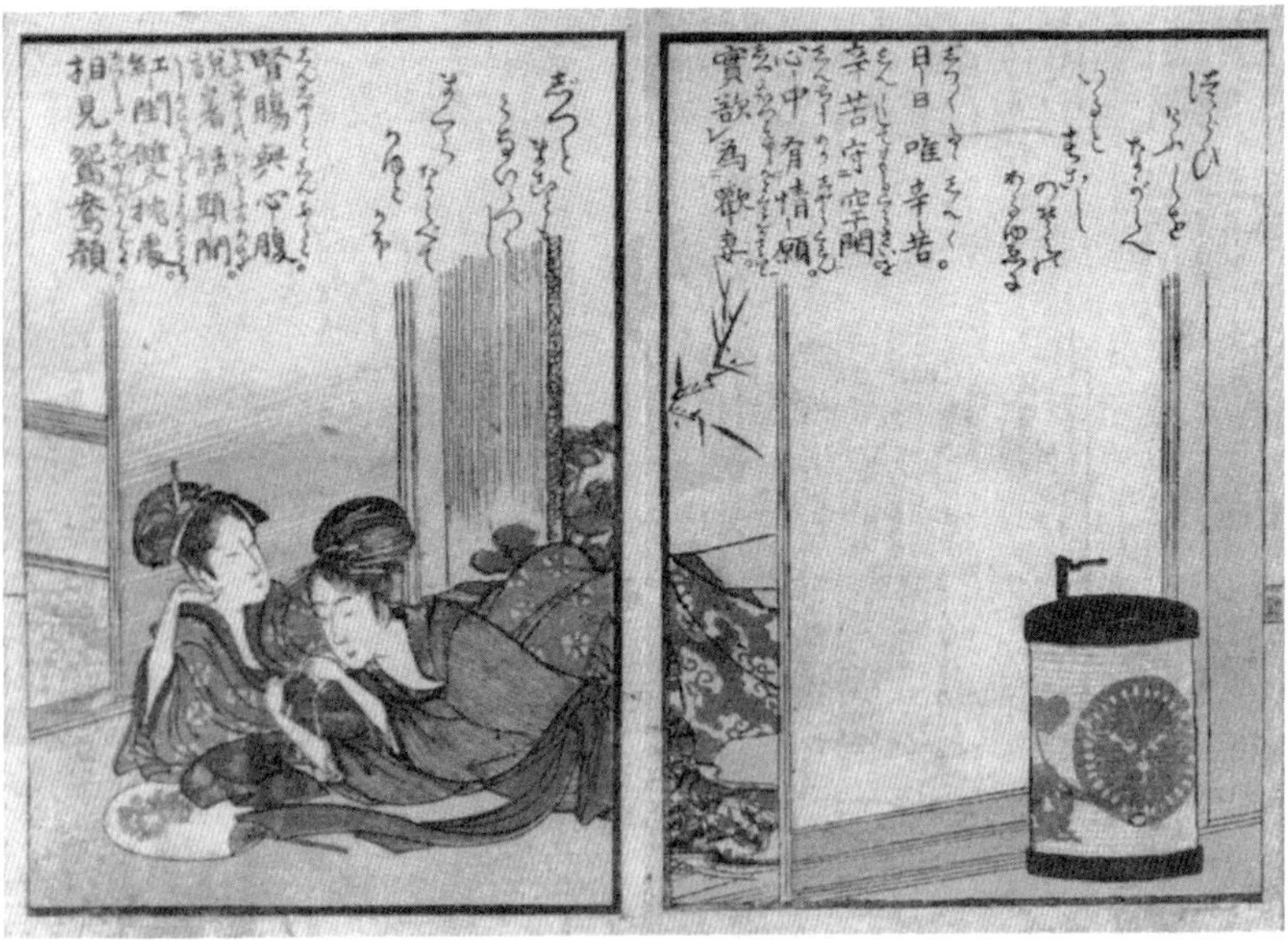

図８　『潮来絶句集』

の一つとして貴重な位置にある狂歌絵本とみなせるが、現在のところ落丁のない完全な遺本は、米国と国内の二例しか存在が報告されておらず、稀覯《きこう》に属するためか従来あまり注目されてこなかったことは遺憾であった。挿絵自体についてはほとんどの図に女性が描き添えられているので、美人画集といった雰囲気もあるが、それよりむしろ各図異なる季節の中で、それぞれの人々が働き遊ぶ様を、北斎はのびやかに、そして生き生きととらえている。全図に共通する生彩さと画品は、宗理様式の完成された頂点を示すものとして、第一級の狂歌絵本といって憚《はばか》らない。

つぎに見落とせないのは、同じ正月の刊行といわれる『潮来絶句集《いたこぜっくしゅう》』（二冊、富士唐麿編、蔦屋重三郎版。一冊本もあり。刊年を享和元年とする見解もあるが結論は出されていないので、従来の説に従い本年刊としておきたい。図8）である。本書は成立面で特殊な経緯があり、絶版を命ぜられたともいわれるなど、やはり稀覯に属する一書である。その間の事情を編者の富士唐麿《からまる》（藤堂氏で名は良道、別号に如蘭亭、富士山人、梅花山人などがある。一七七〇～一八四四）が、随筆『老婆心《ろうばしん》話《わ》』に記しているので、内容にふれる前にその主要な部分だけでも抄録してみよう（「『老姿心話』（翻刻）その一」〈『成蹊人文研究』六号、平成十年三月、成蹊大学大学院文学研究科〉）。

此潮来絶句の詩を作りしは余か至て若かりし時のことなり。今をもてすれば、はや廿五六年の昔しなるへし。或時、新よし原仲の町難波屋とかいへる茶屋におゐて、歌妓共多くあつめ遊そへり。其冠たる妓には重妓遊妓なと頗るみめもよきあり。潮来歌をかはる〱うたふ。

其時に東陸〈谷文晁の弟安五郎と云、東江門人にて書をよくす〉席にありて申さく、今歌妓のうたふ潮来ふしてふものを、君、詩に作り給へ、やつかれ筆を把るへし。余も興に入り作り出たしぬ。はや三十世ちかく、東陸も六七年前に没しぬるなり。其頃書肆蔦屋重三郎はやくも聞て、北斎といへる画工に美人の姿を其歌によそへてかゝせ、春の新板にうり出し、数千部の本うりひろこりて利益を多くとりしよし。然れとも其春頃は彩色すりわらひ画に似よれる物は禁しられぬる。かくうつくしき彩色なせる本はいかゝと御とかめ、〈蔦屋の番頭忠兵衛〉めし出され、誰か此作をなせるとの御答に、私こと作り申候と申上たれは、役人申さるゝには、其方は本屋の番頭ほとあり、かくまて詩を作りしそと被申けると也。余か作といはぬ故に夫なりにして、忠兵衛手かねにて事済みたれは、余か名つゝみくれしなり。夫より断然として戯作をやめぬるなり。

以上のように成立時の事情と、出版後の様子とを具体的に伝えているが、わかりやすく簡単に要約してみると、つぎのような内容になろう。

この潮来歌の詩を作ったのは、私（唐麿）が若い時のことで、二五、六年の昔のことである。ある時、新吉原仲の町の難波屋《なにわや》という茶屋で多くの芸妓《げいぎ》を呼んで遊んだところ、それらが代わる代わる潮来歌を唄った。同席していた東陸の提案で、その唄を自分が詩に作り、彼が筆を執った。このことを早くも版元の蔦屋重三郎が聞いて、北斎という絵師に美人の姿を歌に添え描かせ、新版として売り出して数千部を売り、多くの利を得た。しかしこのころは、彩色摺や笑い絵（秘戯画に類する卑猥な絵）の出版は禁じられていて、蔦屋の番頭忠兵衛が召し出され、この詩を誰が作ったかを尋問されたが、自分（忠兵衛）が作ったと答えた。私（唐麿）の作であることを自白しなかったので、忠兵衛が手鎖《てぐさり》の刑に処せられただけで事は済み、それより戯作をしなくなった。

大要は以上のようなものであろう。『潮来絶句集』はこうした経緯をもつもので、実際、各図上には歌とともにその歌意を示す漢詩が添えられている。一例をあげてみよう。

ぬしのかへりをかしから見れハ
ふねにほかけてかげもなし

郎帰一片舟《ろうはかえるいっぺんのふね》。
妾送大江頭《しょうはおくるだいこうとう》。
懸レ帆暫不レ住《かけてほしばらくもとどまらず》。
只見二水空流一《ただみるみずのむなしくながるるを》。

と、いかにも江戸の教養人の遊びを彷彿《ほうふつ》とさせるものである。北斎の挿絵も恋の歌に合わせ、全一六図にわたって叙情的な雰囲気を横溢させたものとなっている。他にほとんど例をみない美人画集という珍しさもさることながら、『美やこ登里』とほぼ同時期にこの分野において、高い芸術性を示していることには驚かされるばかりである。

このほか、本年の狂歌絵本には千秋側の狂歌師たちを描いた『五拾人一首　五十鈴川狂歌車』

（一冊、千秋庵三陀羅法師撰、蔦屋重三郎版、正月刊）や、忠臣蔵一一段を題材とした『画本忠臣蔵』（二冊、桜川慈悲成撰作、西村屋与八版、正月刊）ほかの力作が揃っている。以上のように享和二年は、北斎にとって狂歌絵本挿絵に絶好調な年であったといえるだろう。

三年に入ると摺物にいくつかの連作があり、黄表紙の自画作や挿絵などを手がけてはいるが、さほど大きな仕事は見い出せない。狂歌絵本についても、数図の挿絵をよせる程度のもののみで、あえてあげるとすれば、一月に版行された五代目市川団十郎の狂句本『絵本　小倉百句』（一冊、今福屋版）に、良図が含まれているという点で興味をそそられるものがある。このほか、読本の初作とみられる『古今奇譚《ここんきだん》　蜑捨草《あまのすてぐさ》』（六冊、流霞窓広住作、丸屋甚右ヱ門版、正月刊）があるが、内容については次期の読本の項で一括してふれることとしたい。

復活した錦絵作品

北斎は、宗理時代に錦絵の制作をおこなわなかったといわれ、実際、作品が遺存しているという報告もいまだ聞かないが、独立を果たして以降、しだいにこの分野にも筆を執るようになっていった。しかしその量はけっして多くなく、作画のおもだったものは摺物や絵暦、狂歌絵本といった類のもので、錦絵は寡作だったといっていい。その数少ない錦絵も、春朗時代の主力作品であった役者絵は、最晩年までほとんど描くことがなかった。ではこの時期、どのような題材に取り組んでいたのだろうか。享和年間までに版行された作品のおもだった題材を作品のうえからみると、女性を主題に描き込んだ風俗図が最も多く遺存している。その理由として考えられるのは、摺物や狂歌絵本も大半の内容が女性を主題とした風俗図であり、大きな評価も得ていたことから、錦絵もまたその人気に乗じて軌を一にしたものだったに違いない。この年代の北斎作品は、生涯のうちで最も多くを女性風俗が占めているのである。いく例かをみてみよう。

宗理様式の時代を代表するものとして、大錦判《おおにしきばん》（錦絵の最もポピュラーなサイズで、三九×五三センチの大奉書《おおぼうしょ》を半分に切ったもの。約三九×二六・五センチ）の「風流無くてなゝくせ」（ともに「可候画」の署名、蔦屋重三郎版）と題された二図がある。表題に「なゝくせ（七癖）」とあることから、当然七枚揃として版行計画があったものと思われるが、確認されるのは二図のみで、おそらく全図が完結する以前に中断したものと思われる。画面はともに二人の美人を大首で描いたもので、背景は雲母《きら》を刷り込んで光沢をもたせた豪華な雲母摺《きらずり》となっている。このうちの一方は、懐中鏡《かいちゅうかがみ》で口紅をなおす美人と化粧の最中の美人で、黒髪の美しさが際立つ作品といえ、おそらく「なゝくせ」の表題から「化粧癖」とでもよぶのではないだろうか。もう一方は行楽の娘と婦人で、当時としては貴重な遠眼鏡を覗いており、「物見遊山癖《ものみゆさんぐせ》」あるいは「見物癖」とでも題せそうな作品である。他に例のない北斎の大首絵として貴重な作品であり、まさに該期を代表する美人図の佳作といっていい。

ついで宗理様式の独特な叙情的雰囲気を充溢させた揃物に、「道行《みちゆき》八景」と仮題される中判の揃い物があり、現在六図が確認され、ともに落款は「可候画」とある。ここでは八景とあるように、中国の瀟湘《しょうしょう》八景に見立てた日本の景観を背景にして、世話浄瑠璃《せわじょうるり》で知られる道行の場面をそれぞれ描いている。いずれも情趣ある画面をみせ、やはりこの年代を代表する作品の一つである。

このほかには、「新板浮絵忠臣蔵《しんぱんうきえちゅうしんぐら》」（全一一枚、落款はすべて「可候画」、伊勢屋利兵衛版、図9）があり、春朗以来の浮絵《うきえ》作品として注目され、ほぼ同じ頃の出版と思われる大錦判の名所絵（現在一二枚が確認されている）や、小判「東海道」（全五六枚、落款はすべて「画狂人北斎画」、吉野屋徳治郎版）などをあげることができる。これらのうち「東海道」については、次期読本の項でふれることとしたい。

肉筆画の増大

宗理改名後、肉筆作品は年を追うごとに数を増してゆくが、「画狂人」を号しはじめた享和元年（一八〇一）ごろからはいちだんと増加をみせ、佳作とすべきものも少なくない。遺存作品の数からみて、おそらく同時代に活躍している浮世絵師たちの中でも多作な一人にあげられると思われ、版本や錦絵などの量をも考えると、その精力的な制作意欲には目をみはらせるものがある。この年代、自ら「画狂人」と号したことも、自然と首肯されるところであろう。ここでは、そうした肉筆群のすべてにふれることは紙幅が許さないので、特徴ある作品をだいたいの年代順で瞥見《べっけん》しておくことにしたい。

図 9　新板浮絵忠臣蔵 初段鶴ケ岡

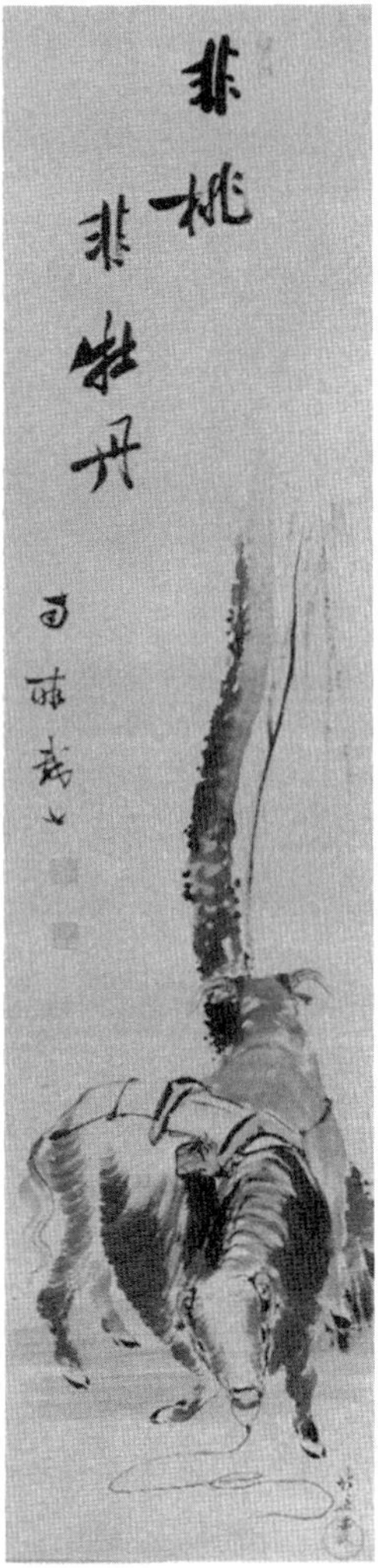

図10　柳に牛図

通常、肉筆画の場合は、確定的な制作年を導きだすことは困難であるが、幸いにも宗理改名直後とみられる作品が遺存している。それは宗理改名の項であげた「張良図」で、落款中には「寛政十戊歳中秋」とあることから、寛政一〇年（一七九八）八月の作画と知られるものである。この作品は絹本着彩で、画面の大部分を占める岩の皴法《しゅんぽう》（岩石や山岳を描くときの描法）は、すでに狩野派などの漢画描法を十分に修得し、自己のものとしていたことをうかがわせるものとなっている。ついで制作年がほぼ明らかな作品として、「風俗三美人図」（紙本淡彩の三幅対、北斎画㊞=辰政、太田記念美術館蔵）がある。画面は各幅に一人ずつ女性が描かれ、向かって左から花魁《おいらん》、御殿女中、町家の女房となっていて、三幅とも上部には朱楽菅江《あけらかんこう》の賛がみられる。賛者の菅江は寛政一〇年一二月に没しているので、同年中の作画であることは確実である。その各図は付け立てなどの描法が多用され、一気に仕上げられたとみられるもので、無駄のない練達した技量を十分に示したものとなっている。さらに同じ一〇年の作とみられるのが、紙本淡彩の「柳に牛図」（一幅、北斎画㊞＝辰政、大田南畝《なんぽ》賛、葛飾北斎美術館蔵、図10）である。この作品に関しては、かつて筆者が制作時には三幅対であったことを突きとめ、報告したことがある。元来はこの図をはさみ、左右に大原女が一人ずつ描かれたもので、向かって右の「大原女図」には唐衣橘洲《からごろもきつしゅう》（一七四三〜一八〇二）の賛があり、左には朱楽菅江の賛がある。橘洲、南畝、菅江と、狂歌中興の祖と目されている三名もの賛をもつ、豪華な作品だったのである。画風は典型的な宗理美人で、

図11　魚貝図（墨田区蔵）

自信に満ちた筆づかいは「風俗三美人図」と共通するものであるが、とくに牛の描法は北斎独自なものといえ、いく本もの太く力強い墨線だけで牛の体軀を表現している。

　こうした墨線のみで表現された作品には、寛政一一年ごろとみられる紙本淡彩の「芭蕉《ばしよう》図」（一幅、北斎画[印]＝三径《さんけい》、鹿都部真顔《しかつべのまがお》賛、林原美術館蔵）をあげることができる。この図では、芭蕉の葉を濃淡の墨を使い分けて描き、濃墨部分は通常の絵師があまり用いることのなかった、小さい刷毛を使用していることに注目されるものである。

　享和年間に入り「画狂人」の号を用いるようになると、作品量は急増し、絹本で着彩の作品も多くみられるようになってくる。たとえば、絹本着彩の「柳下《りゆうか》傘持《かさもち》美人《びじん》図」（一幅、画狂人北斎画㊞＝辰政、北斎館蔵）は、楚々《そそ》とした宗理美人が描かれているが、その濃彩の女性像は華麗で迫力ある画面をみせている。

　ところで、新たな「画狂人」号とともに、北斎は文化一〇年（一八一三）までの十数年間にわたって使用しつづけた「亀毛蛇足《きもうだそく》」の縦長方《たてながほう》印を用いはじめている。この印が用いられた年代は晩年とならんで最も肉筆画の多い時代であり、長期使用ということもあって、四〇代から五〇代にかけての北斎を代表する記念すべき印影とみなされているものである。

　筆者披見の肉筆作品で、最も早い使用例の一つとして、絹本着彩の「魚貝図」（一幅、画狂人北斎席画[印]＝亀毛蛇足、墨田区蔵、図11）をあげたい。落款には「席画」（集会などの場で、即興的に描かれた絵。ほとんど簡単で略画的なものが多い）とあるが、じつに丹念な描写をみせていて、宿《やど》借《かり》、蜆《しじみ》、鮑《あわび》、海老《えび》、烏賊《いか》、魚（魚名不明）、玉珧《たいらぎ》などの七種が描かれている。なかには写生と思われるほどの細緻な描写も見い出せ、初期には珍しい魚貝図としても貴重な一図といえるものである。

該期には、このほかにも多くの優品が知られているが、それらについては後の読本挿絵の時代でふたたびふれてみることとしたい。

勝川派を離脱して宗理《そうり》を襲名し、さらに北斎辰政《ときまさ》と号して独立を果たした北斎は、その後画狂人北斎とも改め、精力的な活動を展開したのであった。

動静と逸話

カピタンと絵巻物

この間の約一〇年近くは、画様式の確立、画界での地盤強化、安定した名声の獲得など、後のための地歩固めを地道に、そして着実におこなった年代だったといえるだろう。だが、作品面からひとたび目を移してみると、平素の生活ぶりはほとんど知られるところがない。それは北斎にかぎらず、浮世絵師全般にいえることだが、当時の社会秩序の中では、彼ら自体が一介の職人という身分であったので、文献等に書き残されなかったことも致し方ないのである。

それでも北斎の場合、享和末年ごろからそれ以降になると、個人的な日記などに、動静の一端を伝える記載も見い出すことができるようになってくる。たとえば大田南畝《おおたなんぼ》の日記（『細推物理《さいすいぶつり》』

巻上、『日本芸林叢書』第五巻による）の、享和三年（一八〇三）閏一月一九日の項では、「名和氏にて、北斎をむかへて席画あり。山道高彦なども来れり。……」とあり、また、同年三月一五日には「十五日　竹垣氏か亀沢町の別荘にゆかんとす、……烏亭焉馬《うていえんば》はとくより別荘にして、北斎もよびて席画あり」とあって、この二項だけからでも南畝らとの親交があったことと、平素酒席などに招かれて席画をおこなっていたことなどがうかがわれるのである。

こうした平素の動静とは別に、この時代の活躍を記した数少ない文献の中から、二つの出来事を紹介して、生活の様子や評判についてもふれてみることにしよう。

その一つは、『古画備考』に記録されているもので、天保一〇年（一八三九）六月一八日に針医某の話として、オランダのカピタンと風俗絵巻についてふれている部分である。原文はやや難解なので、現代文に要約して紹介してみたい。

北斎は往年、林町三丁目の家主甚兵衛《じんべえ》店《だな》に住んでいて、となりに某（針医）も居たので懇意にしていた。このころ、長崎から江戸へ参府したオランダのカピタンの注文で、町人の出産を初図に、年々成長し稽古事をすることや、年齢がいって遊里に通う様子、さらに稼業に勤め、老年に及んで葬儀が執りおこなわれる場面までの一生を題材とした、男女の生涯二巻を描いた。また、カピタン付きのオランダ医師も同様の注文をしていて、同じく二巻ができ上がったので宿へ届け、カピタンからは約束の一五〇金を受け取った。それから医師の部屋へ行き巻物を渡す段で、「カピタンの地位では一五〇金を出せるが、自分の身分ではとてもそれだけの金銭を出すことができないので、半額の七五金にしてほしい」と申し入れてきた。これに対し北斎は、「そうであれば、なぜ最初から言わなかったのか。最初から聞いていれば、同様の画面にみえても彩色などを省略したのに。渡すことはできない」と返答した。医師はそれであれば、一巻だけでも譲れと迫ったが、ついに二巻とも持ち帰ってしまった。北斎が巻物を持って帰宅したとき、某もちょうどいあわせていた。今あった経緯を北斎が女房に語ると、「巻物を持ち帰るとは、とんだ料簡《りょうけん》違いです。外国人だからこそこうした図が喜ばれるのであって、日本では反故《ほご》同然です。制作の間の手間や費用は皆損失になるではないですか。どういう条件でも、先方の言うとおりで渡して下さい」と非難にも似た答えが返ってきた。すると北斎は、「日本ではこうした図は求める者はなく、言うとおり反故同然であることは言うまでもない。しかし異国の者の無理に従えば、自分に損はないだろうが、日本の恥になってしまう。そのことを考えて持ち帰ったのだ」と言った。その場にいあわせた某(針医)は、一介の浮世絵師といっても、さすが都下に名の聞こえた者は立派であると深く感じた。また、その後カピタンもこの一件を仄聞《そくぶん》し、医師の巻物も一五〇金で買い求め、国へ持ち帰ったという。

この話が事実であったかは明らかでないが、オランダ商館長が江戸へ参府した状況や、北斎が林町三丁目に住んでいたことなどから、寛政一〇年三、四月ごろのできごとと考えられている。つまり宗理改名直前のことで、この内容を信ずるとすれば、すでに画名の高かったことは原文に「サスガ俗画ニ致セ、都下ニ雷鳴致程ノ画師ハ、気性格別ノ事也ト某深ク感候」とあることでわかり、また、オランダ人の注文にも応じていたことなども知られて、興味深い資料ということができよう。

三囲開帳

もう一方の話は、絵巻物事件の翌一一年二月一七日（斎藤月岑《げっしん》『武江年表《ぶこうねんぴょう》』は一五日からとする）からはじまった、三囲稲荷《みめぐりいなり》開帳で北斎の描いた作品が評判をよんだことである。この開帳の北斎作品については二種の文献が知られているので、ともに抄録しておこう。一つは『寛政紀聞《かんせいきぶん》』（三田村鳶魚《みたむらえんぎょ》『未刊随筆百種』による）で、つぎのようにある。

一、三囲稲荷開帳、二月十七日より始マリ三月さし入之頃甚敷《はなはだしく》賑ハひ、向島土手通りへ六百張之提灯《ちょうちん》をならべ奉納有り、……又提灯十、絵絹にてはり、色々之浮世絵をかく、北斎之筆にて、其巧みに見殊《みごと》なる譬《たと》ふべき物なし、台ハ皆黒びろうどにて縫ぐるみ、金物は金糸にて縫出せり、此外ニ又提灯壱対、北斎筆にて、極綵色之画なり、……狂歌或ハ俳諧連中之額数々有り、ふちハ多分雲形又ハ唐草、金之高ぼり、口画色々有ル内、婦人之雷に驚きしに蚊帳《かや》を釣りし体至つておかしく、また見殊《みごと》なり、此分都《すべ》て北斎之画、……

と、北斎作品についてふれている。もう一方は、原徳斎《はらとくさい》の『墨水志《ぼくすいし》』（『墨田区古文書集成』IIによる）に収載された高麗此太郎《こまこたろう》書簡にみえるものである。

……仲春十五日より三囲開帳これあり、真に古今まれなる大繁昌、貴賤袖をつらね、群衆ハたとふる言葉なかるへし、……、また品川よりハ、壱尺五寸廻りなる箱挑灯《ちょうちん》拾弐張へ浮世絵師北斎宗理か絹地へ十二ヶ月の画あり、これも見事なることなり、……また狂歌三陀羅連より、宗理画白雨雷鳴の図、婦女七八人蚊帳のうちにひそまり、あるは耳を手にて塞き、あるハうつふし、あるハふすまをかふりなとする体、其蚊帳は繻《しゅ》（綃）子《す》にてこしらへ、上よりかけたる趣向おもしろく、目立候事也、……

この文面で高麗此太郎は、いまだ北斎を北斎宗理と記しているので、やはり宗理時代は現在想像するより世評は相当高かったものと思われる。双方の記載内容から、北斎作品は一〇張あるいは一二張の提灯と、その他いくつかの提灯にも風俗図を描き、また、三陀羅連から奉納された額には、夕立に驚く七、八名の婦女図が、趣向といい、見事さからも評判をよんだことがうかがわれるのである。現在のように展覧会などなかった当時は、こうした開帳などにちなむ絵馬や額の奉納が、絵師にとって作品が不特定多数の人々の目にとまり、知名度をあげることのできる絶好のチャンスともなったのであった。やはりこの資料からも、北斎の画界でのたゆまぬ地歩固めの一端をみることができるのである。

読本挿絵と肉筆画の時代

読本の沿革と北斎

年代的特徴

北斎は文化年間（一八〇四〜一八）に入って、当時流行しはじめていた読本《よみほん》の挿絵に力を注ぐようになっていった。そうした傾向は二年ごろからはじまって四年にはピークに達し、およそ八年ごろまでは毎年数種の作品を制作して、量的に衰えをみせることはなかった。それにかわって、従来から手がけていた絵暦《えごよみ》や摺物《すりもの》、あるいは狂歌絵本などは減少の途をたどり、とくに読本挿絵が急増した四年ごろからはいちだんと量を減らしていったのであった。

肉筆画については、宗理時代から年を追うごとに作画量を増していたが、文化に入ってからはいっそう質量ともに拡大し、七五歳以降の最晩年とならんで多作な時代だったといえる。また錦絵作品も、この時代に入って題材面から多彩の度を増し、特殊な役者絵をのぞいて、当時の浮世絵師たちが手がけたほとんどの分野にチャレンジしている感が強い。これまた肉筆画と同じく、七〇歳代の錦絵の時代とならんで活躍をみせたといっていい。
なおこの年代、画号は「画狂人北斎」から、最も一般的に知られる「葛飾北斎」へと改められ、さらに「葛飾戴斗《たいと》」とも改号を繰り返している。

読本の沿革

今ふれたように、この年代における北斎の最も大きな業績の一つが読本挿絵であった。『増補浮世絵類考』は、「画風錦絵草双紙等の尋常にあらず。繡像《しゅうぞう》読本の差（挿）画を多くかきて世に行はれ、絵入読本此人より大に開けたり」と記し、読本という分野は、北斎によって大いに隆盛したとまで評しているのである。では、その読本とはどのような沿革をもち、なぜ北斎が傾注していったのだろうか。まずそうした点についてみておくべきであろう。

がんらい読本は、北斎が出生するよりだいぶ以前の寛延二年（一七四九）に、上方の都賀庭《つがてい》鐘《しょう》（一七一八〜？）が著した『英草紙《はなぶさぞうし》』（五冊、大坂柏原屋清太衛門ほか版）を嚆矢として、幕末ごろまでつづけられた読み物で、普通五巻五冊が一組の単位となっている。この名称は、絵草紙《えぞうし》などに対して読むことが主である本を意味し、文化・文政ごろから用いられていたが、当時は他の小説類もふくめて考えられており、現在いうところの読本という定義は、関根正直《せきねまさなお》の『小説史稿《しょうせつしこう》』（明治二三年）によって定着したものとされる。

その沿革をたどると、山東京伝の『忠臣水滸伝《ちゆうしんすいこでん》』（前編五冊、寛政一一年。後編五冊、享和元年、鶴屋喜右衛門版）を境にして、それ以前の上方中心の読本を前期読本（前期上方読本）とし、以後を江戸中心の後期読本（後期江戸読本）と区分される。当然、北斎が手がけた読本は、時代からいっても後期に属するものである。

前期読本と文芸

まず前期読本の約五〇年間についてみると、大半が上方の作者で占められ、短編集では百物語風な怪異奇談集や、白話《はくわ》（口語で記された中国の小説）、小説の翻案《ほんあん》（小説・戯曲などでは原典をもとに趣向を変えて作り直すもの）などがあり、長編には『水《すい》滸伝《こでん》』や仏教説話《せつわ》の勧化物《かんげもの》、実録物などに分類される。

これらのうち、短編集では安永五年（一七七六）に刊行された上田秋成《あきなり》（一七三四〜一八〇九）の『雨月物語《うげつものがたり》』（五冊、大坂野村長兵衛版）は、前期読本の傑作として知られ、短編奇談集で五巻五冊九編の構成となっている。この短編に対し、長編の代表作とされるのは中国白話小説の翻案になる安永二年（一七七三）刊、建部綾足《たてべあやたり》（一七一九〜七四）の『本朝水滸伝《ほんちようすいこでん》』（前編一五冊、後編末刊、写本による流布。前編は京都井上忠兵衛ほか版）で、長編読本の嚆矢とされている。この綾足は前期読本時代には珍しく江戸で活動した作者で、内容はスケールが大きく、登場人物も道《どう》鏡《きよう》とこれに対する藤原仲麻呂、和気清麻呂《わけのきよまろ》、大伴家持《おおとものやかもち》や、さらには楊貴妃《ようきひ》にまでおよんでいて、後期読本に共通する翻案や長編の構成などから、後の江戸での展開に与えた影響は小さくない。

事実、曲亭馬琴《きょくていばきん》（一七六七〜一八四八）も本書を、「今のよミ本の嚆矢也」と『近世物之本江戸作者部類《きんせいもののほんえどさくしゃぶるい》』（二巻二冊の伝記。天保四年着稿、五年脱稿の未刊本）で評しているほどである。

一方、江戸では、上方で前期読本が流行していたのに対し、一八世紀後半ごろから洒落本《しゃれぼん》や黄表紙《きびょうし》などが受け入れられて隆盛をみていた。

洒落本は、享保一三年（一七二八）に撃鉦先生《どらうつせんせい》（生没年不詳）作の『両巴巵言《りょうはしげん》』（一冊、遊戯堂版）が江戸で出版されて以降、上方で多く出版されつづけた。江戸における流行のはじまりは、明和七年（一七七〇）ころに、もと大坂の人で書肆《しょし》を営んだ丹波屋利《たんばやり》（理）兵衛《へえ》（人見氏、文林堂）が田舎老人多田爺《いなかろうじんただのじじい》の名で著した『遊子方言《ゆうしほうげん》』（一冊、須原屋市兵衛版か）によってとされ、本書によりこの後につづく洒落本の内容構成も確立した。それは話の場所を特定の遊里におき、一日の遊興の様子を時を追って書きすすめるというスタイルであった。『遊子方言』によって江戸のスタイルが確立された洒落本は、この後、山東京伝の活躍で一大流行をみるにいたった。しかし、寛政二年（一七九〇）には老中松平定信により洒落本禁止令が出され、その翌三年には、京伝の三部作（『娼妓絹籭《しょうぎきぬぶるい》』『仕懸文庫《しかけぶんこ》』『錦之裏《にしきのうら》』）が摘発されて手鎖《てぐさり》五〇日の刑に処せられている。このような筆禍《ひっか》から、一時洒落本は逼塞したが、寛政末年ごろになってふたたび出版されるようになる。だが内容は従来と異なって、遊里での客と遊女の実情に重きをおくようになり、自然と衰退を余儀なくされたのであった。

黄表紙は、草双紙《くさぞうし》（赤本、黒本、青本、黄表紙、合巻の順で流行した通俗的な絵入り読み物の総称）中の一種で、表紙が黄色なことから名付けられた名称であった。また、それまでの草双紙のほとんどが子供向けのものであったのに対し、大人の知的な風刺を盛り込んだもので、体裁は赤本以来の伝統を受け、中本（現在の四六判。約一八×一三チセン程度）で、一冊一巻五丁（現在の一〇ページ）として、二、三冊で物語を構成している。おおよそ安永四年（一七七五）から文化三年（一八〇六）ころまでに刊行された二千余種の草双紙を総称していうものである。その黄表紙が新たなジャンルとして確立されたのは、恋川春町《こいかわはるまち》（一七四四〜八九）が安永四年に発表した『金々先生《きんきんせんせい》栄花夢《えいがのゆめ》』（二冊、鱗形屋孫兵衛版）からで、以降、天明の絶頂期を迎えるころまでは、山東京伝をはじめとする洒落本作者が中心となって大きな展開をみせたのであった。しかし洒落本と同じく寛政の改革（天明七年から寛政五年）で多くの作者が筆禍を受け、しだいに内容は幕府の意を意識した教訓的なものとなり、さらに敵《かたきうちもの》討物が主流を占めるようになるのである。

後期読本と文芸

後期読本は、こうしたなかで江戸に根づくのである。それは洒落本や黄表紙が寛政改革によって内容に変化をみせていったのと同じく、読本の大半は幕府の意向にほとんど抵触《ていしょく》しない、道徳的で教訓的な作品であったという点が、江戸で発展してゆく大きな要因だったのであった。

その江戸で後期読本の展開に大きな刺激を与えたとされるのが振鷺亭《しんろてい》（?〜一八一九）で、寛政六年（一七九四）に著した『いろは酔故伝《すいこでん》』（一冊、南総館版）であるという。自序には、「水滸伝に比し由良殿の空酔に倣ひて酔故伝をつくる」とあるように、『水滸伝』の趣向を用いて世話狂言を交えながら、鎌倉時代に設定された夢物語という軽い内容のものである。この『水滸伝』の趣向を用いるというアイディアを採り入れて、いち早く読本として作品化したのが寛政八年に発表された曲亭馬琴の『高尾船字文《たかおせんじもん》』（五冊、蔦屋重三郎版）で、内容は『伽羅先代萩《めいぼくせんだいはぎ》』の筋を盛り込んだものであった。さらに馬琴の作品に触発されたのが、寛政改革で筆を折っていた山東京伝である。そして発表されたのが『忠臣水滸伝』（半編五冊、寛政一一年。後編五冊、享和元年。ともに鶴屋喜右衛門版）で、『水滸伝』に歌舞伎の『仮名手本忠臣蔵』を採り入れ、それにちなんで外題に「忠臣」の文字を付し、内容も一一回としたものである。後年になって馬琴は、本書が好評で多くの部数が売れたことを記しているが、たんに内容の面白さだけではなく、京伝の秀でた構成力やデザインによる人気も小さくなかった。たとえば巻頭に登場する主要人物の繡像《しゅうぞう》をのせるのも本書からで、そうした新たな試みは文化年代につづく読本の定着したスタイルとなるのである。ここに新スタイルの後期読本がはじまるのであった。

この後、京伝・馬琴は読本の分野でともに競い、作品を発表していったが、両者の構想はしだいに相違をみせるようになる。京伝の場合、『忠臣水滸伝』以降も演劇趣味に裏打ちされた作風を示し、歌舞伎的な構成で創作がつづけられた。一方、馬琴は演劇から離れ、実録・講談・正史などを、儒教や仏教的な勧善懲悪《かんぜんちょうあく》、あるいは因果応報《いんがおうほう》といった構想でまとめ、雄大な内容の長編化に努めたのであった。こうした両者の構想の相違は人気のうえで馬琴に軍配が上がり、ついに京伝は敗退を余儀なくされるのである。しかし、両者の競争によって文化年間（一八〇四～一八）における読本の隆盛がもたらされたのは事実で、文化一〇年（一八一三）の作品を最後に京伝が筆を折ると、この分野はまさに馬琴一人が牽引していた感が強い。

北斎にとっての読本

縷々《るる》、江戸文芸の展開をみてきたが、今ふれた大きな推移のなかで、北斎と読本挿絵とのかかわりをまず客観的にとらえてみることが、この分野での理解を深める手段となるだろう。

宗理様式の時代に北斎は、黄表紙や洒落本などに挿絵をよせ、また自らも戯作をおこなっていた。一方、狂歌の世界とも深くかかわって、摺物や狂歌絵本に多くの佳作をものしたのであった。しかし、これらは時代的な流れからみて絶頂期を過ぎており、とくに戯作は寛政改革の弾圧などから、自由な創作が狭められて内容も変容しはじめ、文化年間に入ると急速に人気を失う情況にあった。また狂歌界も、天明・寛政期にみせたみずみずしい活力は失われ、享和年間以降は形式化へ向かいつつある時代だった。

こうした時期、競争にも似た京伝と馬琴の緊迫感ある創作活動は、読本の盛行を招いたのである。ちょうどその推移を好機とみてか、北斎は新たな流行の兆しを敏感に受けとめ、読本挿絵の分野へチャレンジを開始したのであった。狂歌や戯作界の趨勢と、北斎の活動とを重ねてみたとき、そこにいち早く新たな挑戦を試みる一人の絵師の姿が浮かんでくる。狂歌が隆盛な時期には狂歌絵本や摺物、読本の隆盛には読本挿絵へと、つねに流行のトップへと目を向け、突き進んでゆく姿が、である。

北斎の読本挿絵

前にもあげたが、『増補浮世絵類考』は北斎の読本挿絵について、「画風錦絵黄表紙の尋常にあらず、繡像読本の差（挿）画を多くかきて世に行はれ、絵入読本此人より大に開けたり」と評している。この記述にしたがえば、読本における北斎の画風は、通常の錦絵や草双紙などとは異なっているとしているのである。実際、北斎の読本挿絵を年代ごとに追ってみると、文化二年（一八〇五）ごろからしだいに漢画的な描法や、洋風にも似た独特な表現法なども目立ち、また従来にない画面構成も散見されるようになってくる。その理由を考える場合、たんにこの年代に入って狩野派をはじめとする漢画や洋風画、あるいは明清画など広範な影響を受け、挿絵中に活かしたためと解釈するのは、いささか単純にすぎると思われる。

ではどのような要因が考えられるのだろうか。第一に、北斎が手がけた読本の傾向をみるべきであろう。時代的嗜好も考慮すべきであるが、大半の仕事は曲亭馬琴が先頭に立って目指した長編で、雄大な構想による勧善懲悪・因果応報の世界を描出したものであった。つまり北斎の興味も、馬琴に近いものだったことは事実である。それを示すかのように、たとえば、宗理様式の時代に黄表紙や狂歌絵本などで多くの提携をみせた山東京伝とは、ただの一作も読本での仕事はみられなかったのである（京伝読本には北尾重政・喜多武清《きたぶせい》・歌川豊広《とよひろ》などが挿絵をしたが、最も多く描いたのは初代歌川豊国《とよくに》であった）。またプライベートな面でも親交を持った柳亭種彦《りゅうていたねひこ》（一七八三〜一八四二）ですら、多数を占めた馬琴の作からみると、提携作は四作程度にすぎなかった。つまりすべてとまではいわないまでも、京伝が読本で用いつづけた演劇趣味を、北斎はすすんで受け入れることがなかったとみられる。もう一歩踏み込んでいうなら、今までの穏やかで叙情的な宗理様式では、善事をすすめ悪事をこらしめるという、勧善懲悪の英雄譚は表現しがたかったとみられるのである。

また、草双紙とは異なり読ませることを主とした読本で、「絵入読本此人より大に開けたり」と、ことさら「絵入読本」と記していることも見逃せない。それは挿絵の効果と人気を評してのことと思われるが、それだけに裏返して考えれば、この時代の北斎はいかに読者を引きつけ納得させる挿絵を描けるか、たゆまぬ創意工夫が試みられていたことをうかがわせるのである。

読本挿絵における大きな特徴はこのような点をあげることができるが、北斎にとって本格的にこの分野へ進出することは大きな挑戦だったとみるべきであろう。たとえば従来手がけてきた戯作類にくらべると、大半が長編で内容も複雑なことから、かつてなかったほどの知識と読解力とを要求されたことだろうし、また挿絵の大半は墨一色か薄墨がほどこされる程度であったから、狂歌絵本や摺物のように色摺での表現とは大いに異なっていたからである。だが北斎の読本挿絵は、一〇〇〇図をゆうに超える膨大な数量に達したのであった。

多岐にわたる作画傾向

ここでは、文化八年（一八一一）ごろまでの主だった作品を年次順に瞥見《べっけん》してみたいが、やはり肉筆画については大半が制作年が明らかでないので、後に別項を設けてふれることとしたい。

初年ごろの錦絵・摺物と狂歌絵本

享和三年（一八〇三）は前年とくらべると全体的に作画量が減少していたが、文化元年（二月一一日改元）に入り、にわかに増大をみせている。その原因は元年の作品の大半が正月に集中して出版されていることから、翌年への準備がなされていたためと考えていいだろう。また作画傾向も、享和年代と同じく狂歌に関係する作品が大半を占め、読本《よみほん》はいまだ一種が知られるのみである。こうした点から文化元年は、読本挿絵へ傾注するための移行の期間とみるべきで、だいたい三年ごろまでは狂歌絵本にも佳作が少なくない。

その狂歌絵本では、一月に朱楽菅江《あけらかんこう》の七回忌追善として出版されたという見解もある『画本《えほん》狂歌山満多山《やままたやま》』（三冊、大原亭主人撰、蔦屋重三郎《つたやじゅうざぶろう》版）がある。内容は、やや山手辺の風俗を三二図にわたって色摺で描き、享和年代のままに宗理様式の穏やかで叙情的な画面を展開させている。本書も北斎の代表的狂歌絵本の一つとされているものである。

摺物《すりもの》については、「休茶屋」（画狂人北斎画。七月二三日に常磐津美代太夫《ときわずみよだゆう》が両国で浄瑠璃床開を開催するための案内として作成されたもの）や、「梅と鶏の図」（画狂老人北斎画。一一月に中村座顔見世で杜若《とじゃく》襲名を知らせるために作成されたもの）などが狂歌関係以外の作品として資料的にも注目されるものである。しかしなんといっても圧巻なのが、正月に出された「春興五十三駄之内《しゅんきょうごじゅうさんだのうち》」と題される、東海道五十三次の風俗を描いた連作で、現在五九図（墨田区蔵。五一図は小判で、八図は横に倍の長さの横長判となっている。図12）が確認されている。この連作は、浅草庵市人《いちんど》の率いる浅草側（壺側《つぼがわ》）と、関連する地方の複数にわたる連との提携によって出版されたもので、この翌二年ごろに出されたと考えられている「狂歌師像集《きょうかしぞうしゅう》」（一枚に一人ずつ狂歌師の像をのせた摺物で、同じく浅草側と地方の連によって作成されたもの。全一〇〇枚揃とみられるが、現在九三図が確認される）とともに、北斎摺物の中では最大枚数を誇る揃物である。その各図の中には、人物を描かない風景画的なものも見い出せるが、多くは女性風俗を描いていて、美人画集といった感が強い。おそらくこの揃物は、当時相当の評判をよんだようで、さほど時期をへずしてすべての狂

図12　春興五十三駄之内 府中

歌を削除し、錦絵としてふたたび出版が繰り返され、さらに『北斎翁道之志遠里《みちのしおり》』（一冊本と二冊本がある。刊行年未定）とも題されて、明治に入る前後まで一般に販売されつづけたのであった。
ところで前項では、吉野屋徳治郎から出版された「東海道」の揃物《そろいもの》についてふれたが、北斎は、文化八年ごろまでに七種にものぼる東海道の揃物を発表しているのである。この二種をのぞくと、つぎのような作品が知られている。

横小判東海道　全五四枚　版元不明（全図に「北斎画」と落款があり、文化初中期の刊行とみられる）
東海道彩色摺　五拾三次　全五六枚　鶴屋金助版（縦小判で全図無款。文化中期ごろの刊行）
横小判東海道　全六〇枚　鶴屋金助版（全図無款。遺存する袋には「葛飾北斎画　東海道五十三次絵尽」とある。文化七年）
横小判東海道　全五六枚　伊勢屋利兵衛版（一部の図中に「北斎画」とある。遺存する袋には「五十三次江都の往かい」とある。文化初中期）
縦中判東海道　全五六枚　伊勢屋利兵衛版（全図無款。折帖仕立にされたものの題簽《だいせん》には「東海道五十三次　絵本駅路鈴」とある。文化中期ごろ）

このような揃物が確認されている。おそらく、読者の中には意外と思われた方々もおられるだろうが、北斎は「東海道」にかんしては多作な絵師だったのである。ただし北斎の揃物の場合、時代の要求は旅の風俗であって、約三〇年後に歌川広重《ひろしげ》（一七九七〜一八五八）が発表した保永《ほうえい》堂《どう》版「東海道五拾三次《ごじゆうさんつぎ》」が、景観描写に重点をおいたのとはやや趣を異にしたものとなっている。いずれにしても、これだけ多くの「東海道」が出版された事実は、評判がよかったことの証左といえるだろう。

この「東海道」を描きはじめた享和から文化初年にかけて、もう一つ注目される題材の摺物や錦絵があった。洋風表現を採り入れた風景画である。摺物では「江ノ島図」（ほくさゐうつす。藤沢市教育委員会蔵）ほかもう一図が知られているが、錦絵では四種のシリーズと団扇絵《うちわえ》（実際に団扇として使用される錦絵）が確認されており、すべてこの年代ごろに集中して制作されたとみられ、これ以降は描かれることのなかったものであった。そのうちの一種は横間判で、茶色地の唐草風な枠のある五図である（「賀奈川沖本杢之図《かながわおきほんもくのず》」「吾妻橋《あずまばし》ヨリ隅田ヲ見ル之図」「滝《たき》の川岩間《かわいわま》之図《のず》」「羽根田弁天之図」「日本堤《にほんづつみ》ヨリ田中ヲ見ル之図」）。そのいずれも無款ではあるが、北斎画と認められているもので、板ぼかしとよばれるぼかし技法が多用され、明暗を強く意識したものとなっている。なかでも「賀奈川沖本杢之図」は、最も板ぼかしが用いられ大胆な表現をみせていて、その構想は、後年の「冨嶽三十六景　神奈川沖浪裏《おきなみうら》」に共通するものとして重要である。この間判と同じく五図が知られる中判のシリーズも、茶色の氷割《ひわ》れ文様風な枠があり、全図に平仮名で画題と「ほくさゐえかく」の落款がある（「よつや十二そう」「おしおくりはとうつうせんのづ」

図13　賀奈川沖本杢之図（墨田区蔵）

「ぎやうとくしほはまゟ（より）のぼとのひかたをのぞむ」「たかはしのふじ」「くだんうしがふち」）。

これらの中では、「おしおくりはとうつうせんのづ」がやはり「冨嶽三十六景　神奈川沖浪裏」に共通する大胆な構成をみせ、「たかはしのふじ」も同じ「冨嶽三十六景」のうちの「深川万年《まんねん》橋《ばし》」と、同工な構図をみせたものとなっている。また「くだんうしがふち」では、たんに洋風表現を用いているというだけではなく、崖を極端に大きく描き、その後方に遠景をこまごまと描写していて、すでに「冨嶽三十六景」でみられるデフォルメや空間効果を狙った構図から、北斎の個性が十分に表出されたものとなっているのである。残る二種は木版でありながら銅版画の雰囲気を持たせた、ごく小さな作品で、「阿蘭陀《おらんだ》画鏡《えかがみ》　江戸八景」（「日本橋」「堺町」「両国」「吉原」「不忍」「高縄」「観音」「駿河町」）と、「銅板　近江八景」（「ひらのばせつ」「やはせのきハん」「石山の秋月」「三井のばんせう」「かたゝのらくがん」「あハづのセいらん」「せたのせきしやう」「からさきのよるのあめ」、神戸市立博物館蔵）である。これらの作品も、当時としてはきわめて斬新なもので、後に門人や他派の絵師たちも真似た作品を発表していることから、短期間に制作されたものでありながら、その影響は小さくなかったと考えられている。

読本とその他の作品

肝心の読本についてはどうだろう。文化元年、唯一の作品として『小説《しようせつ》比翼文《ひよくもん》』（二冊、北斎辰政画、鶴屋喜右衛門版）が正月に出版されており（実際の売出しは前年冬とされる。以降も読本の刊行年は奥付による）、また本書は曲亭馬琴との記念すべき初の読本提携作品でもあった。しかし従来、本書をして北斎読本挿絵の嚆矢とする見解もあったが、じつは前年の正月に『古今奇譚　蜑捨草《あまのすてぐさ》』（六冊、流霞《りゅうが》窓広住《そうひろずみ》作、右六葉画狂人北斎画、丸屋甚右衛門版）という読本に挿絵をよせているので、正確には二番目の作品ということになる。だがこの本は七話を収めた短編集で、この後に活躍をみせる読本とは性格を異にしているので、やはり本格的なスタートとしては『小説比翼文』からとみていいだろう。その内容は平井権八に関する説話や、『比翼塚物語』をもとに、演劇の要素を採り入れたもので、北斎は宗理風な穏やかな画風をみせている。

翌二年に入っても摺物や絵暦は減少していないが、特殊な落款の作品がみられる。たとえば摺物では、「菅原の上」（九々蜃北斎画）や「梅樹図」（同上、図14）、あるいは「海鼠《なまこ》と独活《うど》図」（九々蜃北斎老夫写）などがそれである。この「九々蜃」の号は、「ククシン」または「キュウキュウシン」と読むのか明らかでなく、意味するところも明らかとなっていない（北斎門人・府川北岑《ほくしん》の子孫にあたられる故府川俊氏は、北岑も「九々蜃」を号しており、言い伝えでは「生活にきゅうきゅうしている」の戯号で、「キュウキュウシン」と呼んでいたと筆者に語られたことがある）。

読本については、まず正月に『復讐奇話《ふくしゅうきわ》　絵本東嫩錦《えほんあずまふたばにしき》』（五冊、小枝繁《さえだしげる》作、画狂老人北斎画印＝画狂人、角丸屋甚助版、図15）が出版されている。本書こそ半紙本五冊を一組とした江戸好みな後期読本の典型で、北斎にとって記念すべき作品といえるものである。内容は、武州の笠原平

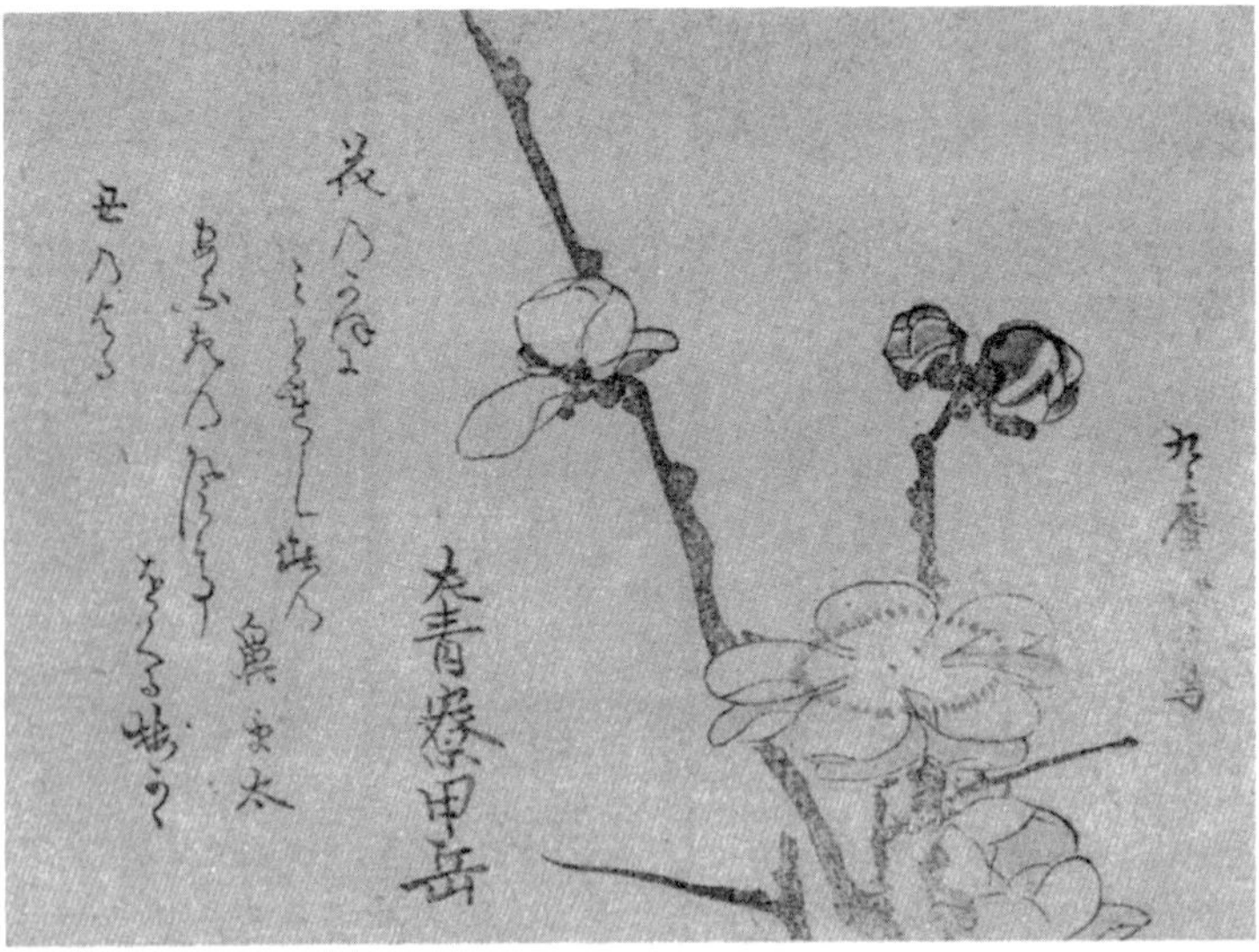

図14　梅　　樹　　図

右衛門の次男橋次を中心とした物語で、極悪人の嘉藤次を生捕りにして駿州今川家に召し抱えられるまでの話であるが、挿絵はいかにも北斎らしい構図と、効果的な薄墨の使用により、臨場感ある場面が散見されるものとなっている。つづいて九月には、本格的な長編を目指した『新編水《すい》滸画伝《こがでん》』初編初帙《ちつ》（六冊、曲亭馬琴訳、葛飾北斎画印＝画狂人、角丸屋甚助版）が刊行される。『水滸伝』は、中国の北宋時代末期に山東を根拠地に蜂起した内乱を題材としたもので、明時代の羅《ら》貫中《かんちゅう》の纂修《さんしゅう》で広く読まれたが、清朝初期ごろまで多くの異本も流布している。内容は章回体の読み物で、はじめ一〇〇回本であったが、二〇回が加えられて一二〇回本が出された。また、明の李卓吾《りたくご》の評を伝えるものを『忠義水滸伝』（一〇〇回本と一二〇回本がある）とよんだが、わが国の岡島冠山《かんざん》（儒学者、一六七四〜一七二八）によって、一〇〇回本を底本とした訓訳本《くんやくぼん》（二〇回まで）が、享保一三年（一七二八）と宝暦九年（一七五九）の二度にわたり出版されている。『新編水滸画伝』は、その冠山の訳になる『通俗忠義水滸伝』と、『忠義水滸伝』を並用訳出しようとしたものであった。初編後帙（五冊）は文化四年正月に同じ馬琴によって角丸屋甚助から出版されたが、二編以降は高井蘭山《たかいらんざん》（一七六二〜一八三八）訳で文政一二年（一八二九）正月から再刊されている。馬琴が本書から降りた理由は、版元の角丸屋との間に金銭上のトラブルが生じたためで、挿絵はこの後も引きつづき北斎が担当している。その初編初帙をみると、中国の古典ということもあって、漢画的な描法を強くみせており、従来の挿絵とくらべ迫力の点では目を見張らせるものがある。たとえば「伏魔殿壊《ふくまのでんやぶれ》て百八の悪星世《あくせいよ》に出《いず》」では、墨・薄墨・薄茶色を用いて、伏魔殿から悪星が一気に吹きだす様子を、現在の劇画のように大胆な構成で描いている。この『新編水滸画伝』初編をみただけでも、すでに北斎独特な読本挿絵の世界が完成されていることを十分に看取させるものがある。

読本絶頂期の作品群

文化三年（一八〇六）に入り、摺物の量は前年とほとんど変わらないものの、狂歌絵本は影をひそめてゆく。とくに四年からは数年にわたって一冊全図を描くというような狂歌絵本は見い出すことができない。しかし、壮年期における北斎狂歌絵本の最後を飾る作品、『絵本隅田川　両岸一覧《りょうがんいちらん》』（三冊、鶴屋喜右衛門版、図16）が、本年あるいは享和元年（一八〇一）ごろに出版されたという見解がある。結論はいまだみていないが、とりあえずここで紹介だけでもしておきたい。本書は、天明元年（一七八一）に出版された鶴岡蘆水《ろすい》画の『両岸一覧』（巻子本二巻）にヒントを得た作品とされ、内容は正月の江戸湾から大晦日の吉原までを隅田川の景観と風俗で描いたもので、冊子装でありながら絵巻物のように画面を連続させ、自然と季節の移ろいをみせてゆくという構成になっている。全図が鮮やかな彩色摺で、宗理様式の風俗描写も見事であり、たんに北斎の佳作というばかりでなく、全狂歌絵本の中の代表作品として高い評価を得ているものである。

錦絵については、大判の「仮名手本忠臣蔵」（全一一枚揃、全図無款、鶴屋金助版）や、小判の

図15 『復讐奇話 絵本東嫩錦』

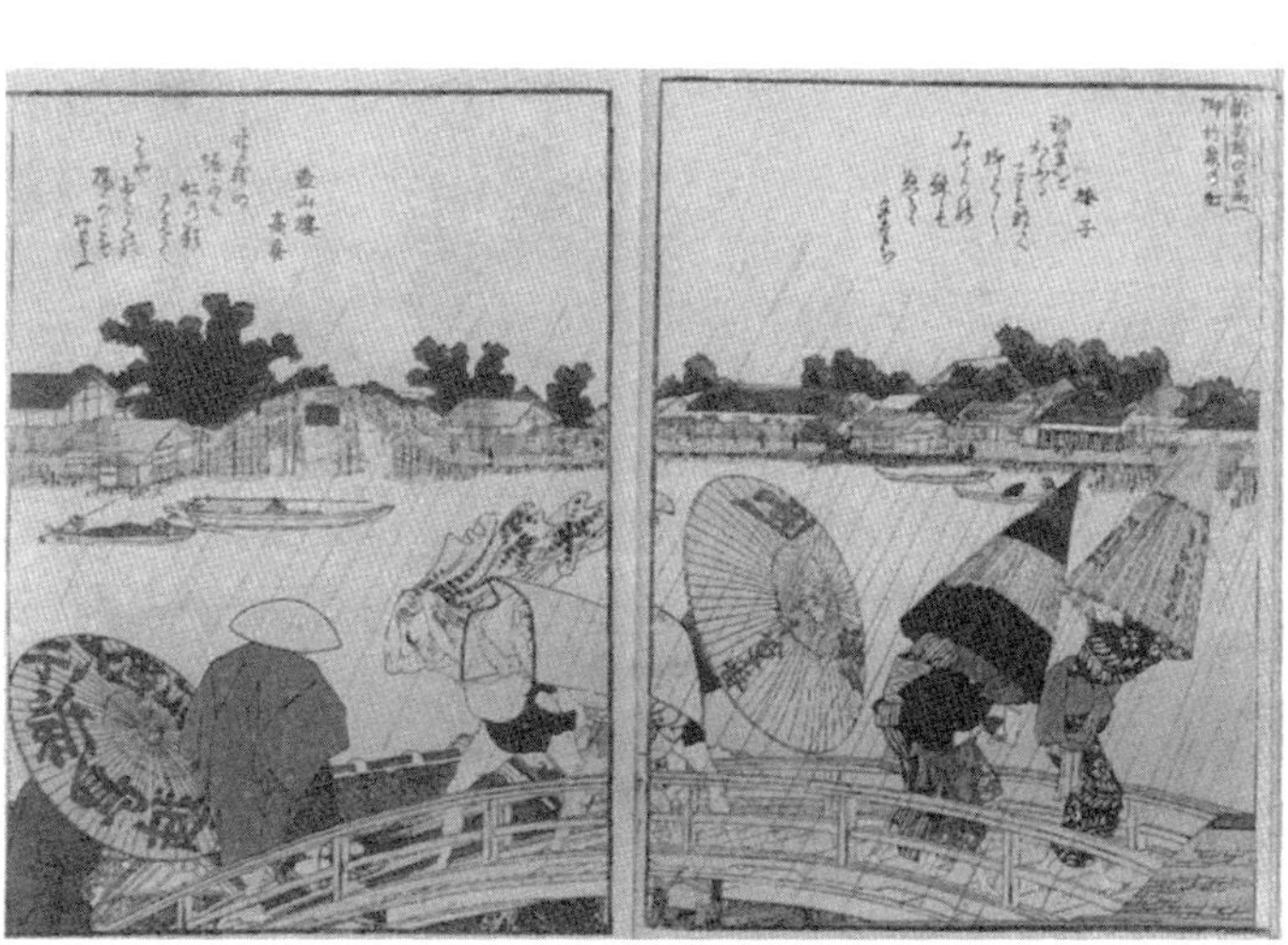

図16 『絵本隅田川 両岸一覧』

作品なども知られているが、いずれもできばえは可もなく不可もないといったところであろう。

読本では、『春宵奇《しゅんしょうき》譚《だん》　絵本《えほん》璧《たまの》落穂《おちぼ》』前編（五冊、小枝繁作、葛飾北斎画[印]＝画狂人、角丸屋甚助版）がある。内容は、浄瑠璃『神霊《しんれい》矢口《やぐちの》渡《わたし》』（福内鬼外作）をもとに著されたもので、怪異な場面などに効果的な薄墨を用い、霊気までをも描き込む発想は、北斎の独壇場といっていい。

翌四年からの数年間はほとんど読本の仕事に傾注していたといえる。摺物は極端に減少し、わずか錦絵に大判二枚続の「三国妖《さんごくよう》狐《こ》伝《でん》」（二枚続二組、北斎画、鶴屋金助版）や、珍しく役者絵の大判錦絵「瀬川路之助《みちのすけ》　女房こむめ」「沢村源之助《げんのすけ》　梅のよし兵衛」（北斎画）があり、また中判の「江戸八景」（全八枚揃、全図無款）などが知られる程度である。

これに対し読本は驚くべき数量で、それらをあげてみると、

『椿説《ちんせつ》弓張月《ゆみはりづき》』前編（六冊、曲亭馬琴作、葛飾北斎画[印]＝亀毛蛇足、平林堂版）

『敵討《かたきうち》裏《うら》見《み》葛葉《くずのは》』（五冊、曲亭馬琴作、葛飾北斎画、平林堂版）

『新累《しんかさね》解脱《げだつ》物語《ものがたり》』（五冊、曲亭馬琴作、葛飾北斎画[印]＝北斎、河内屋版）

『墨田川梅柳《ばいりゅう》新書《しんしょ》』（六冊、曲亭馬琴作、葛飾北斎筆、鶴屋喜右衛門版）

『そののゆき』前編（五冊、曲亭馬琴作、葛飾北斎画[印]＝画狂人、角丸屋甚助版）

『苅萱《かるかや》後伝《こうでん》玉櫛笥《たまくしげ》』（三冊、曲亭馬琴作、葛飾北斎筆[印]＝北斎・榎本版）

『新編水滸画伝』初編後帙（五冊、曲亭馬琴作、葛飾北斎[印]＝北斎、角丸屋甚助版）

以上の七種に挿絵をよせている。これらはいずれも正月に発行されたものであり、またすべてが馬琴の著作であった。してみると前年は、ほとんど両者とも読本完成へ費やした一年とも考えられ、後述するが春から夏にかけて北斎は馬琴宅に寄宿しているので、おそらくその間に集中して執筆と作画がすすめられたのであろう。いずれにしても書く方も書く方だが、描く方もまた絶倫の精力というほかないだろう。

ここでは著名作品も含まれているので、七種すべてについてふれるべきであろうが、とても紙幅が許さないことから、馬琴にとって記念すべき作品であり、北斎にとっても代表的な作例である『椿説弓張月』（図17）をみてみたい。本書は全二八巻二九冊におよび、馬琴の史伝読本の初作として、また長編読本の盛行を招いた重要な作品として江戸文学史上に位置づけられている。その影響は、文学上では合巻などにもみられ演劇にもおよんでいるが、近代以降も脚色され、昭和四〇年に三島由紀夫によって戯曲化されたことは記憶に新しいところであろう。内容は鎮西八《ちんぜいはち》郎為朝《ろうためとも》の史実にみられない後日譚を壮大な構想でまとめたもので、「椿説」は「珍説」の意味である。話の前半は大島に流された為朝が為政者として描かれ、後半は九州から琉球に渡って内乱を平定する様子が多くの文献を駆使して雄大にまとめられている。スケールの大きさ、構想の見事さ、また吟味された文章からも、馬琴を代表する長編といっていい。北斎もまた馬琴の主旨を解し、場面場面を筋立て以上に臨場感あるものとして、雄大・怪異・残虐・情緒的など、各内容

図17『椿説弓張月』

に即した、振幅の大きい画面展開をみせている。ただ残念なことは、読本挿絵は文章を味読しながら鑑賞すべきで、たんに画面のみを見ても北斎の意図した点を汲むことはやや困難と思われることである。それこそ、筆舌につくしがたいほどの面白さを鑑賞するには、ぜひ一読されることをすすめたい。

五年も引きつづいて読本挿絵の量は多く、作者も多彩である。前年と同じく、ここでも作品をあげてみることにしよう。

『春宵奇譚　絵本璧落穂』後編（五冊、小枝繁作、葛飾北斎印＝亀毛蛇足・角丸屋甚助版）
『近世怪談《きんせいかいだん》　霜夜星《しもよのほし》』（五冊、柳亭種彦作、かつしか北斎画、山崎版）
『国字鵺物語《おんなもじぬえものがたり》』（五冊、芍薬亭長根《しゃくやくていながね》作、葛飾北斎、柏屋版）
『椿説弓張月』後編（六冊、曲亭馬琴作、葛飾北斎印＝亀毛蛇足、平林堂版）
『阿波之鳴門《あわのなると》』（五冊、柳亭種彦作、葛飾北斎画、榎本版）
『頼豪阿闍梨恠鼠伝《らいごうあじゃりかいそでん》』前編（五冊、曲亭馬琴作、葛飾北斎画、鶴屋喜右衛門版）
『三七全伝南柯夢《さんしちぜんでんなんかのゆめ》』（六冊、曲亭馬琴作、葛飾北斎画印＝亀毛蛇足、榎本版）
『由利稚野居鷹《ゆりわかのずえのたか》』（五冊、万亭叟馬《よろずていそうば》作、葛飾北斎画、榎本版）
『頼豪阿闍梨恠鼠伝』後編（五冊、曲亭馬琴作、葛飾北斎画印＝北斎、鶴屋喜右衛門版）
『椿説弓張月』続編（六冊、曲亭馬琴作、葛飾北斎印＝亀毛蛇足、平林堂版）

以上のように作品量も増加し、多彩な作者との提携がみられるが、その中でも柳亭種彦との読本挿絵が本年からはじまり、以降、少数ではあるが断続的に出版される点に、両者が平素親しかったことからも注目される。このうち正月に刊行された『近世怪談　霜夜星』は、表題が示すように怪談物で、醜《しこ》女《め》お沢の夫・高西伊兵衛が、旧知の美女花子と再会して情を通じ、お沢は自害して関係する者たちに祟《たた》るというストーリーである。一方、同じ正月出版の『阿波之鳴門』では、近松半二作の浄瑠璃『傾城阿波の鳴門』に原典を求めながら、より実話部分を加味して著されたといわれる。ともに種彦初期の作品として貴重であるが、北斎の挿絵はいっそう大胆で画面に大きく対象を捉えようとする意図がうかがわれるものとなっている。

読本以外については、いく種かの合巻がみられるのが特徴的である。それらは、正月刊行『敵討《かたきうち》身代《みがわ》利名号《りみようごう》』（二冊、曲亭馬琴作、葛飾北斎画、鶴屋喜右衛門版）、正月刊行『北畠《きたばたけ》女《おんな》教訓《きようくん》』（五冊、十返舎一九作、画狂人北斎画、岩戸屋版）、『仇討《かたきうち》報《むくいの》蛇柳《じやなぎ》』（二冊、松下井三和作、北斎画、蔦屋重三郎版）などで、この後にみられる滑稽本などとともに、あまり多くの作品は手がけなかったが、後に北斎の自画作もあることから、すくなからず興味を示していた分野と考えられるものである。

文化六年（一八〇九）に入ると、四、五年にみられるような読本一辺倒な傾向から脱し、ふたたび狂歌関係の摺物（とくに壺側）に筆を執り、また錦絵でも大判の「風流源氏うたかるた」（八月出版、全四枚、葛飾北斎画）などを制作している。さらに、後述するが肉筆画にも佳作が多く、それまでとくらべると、意外にゆったりとした作画活動を展開していたように見受けられる。それでも六種の読本が正月から春に出版されているので、やはりあげておくことにしよう。

『山枡太夫《さんしょうだゆう》栄枯《えいこ》物語《ものがたり》』（五冊・梅暮里谷峨《うめぼりこくが》作、葛飾北斎画印＝亀毛蛇足、角丸屋甚助版）
『忠孝潮来府志《ちゅうこういたこぶし》』（五冊、談洲楼焉馬《だんしゅうろうえんば》作、葛飾北斎画印＝亀毛蛇足、角丸屋甚助版）
『飛騨匠物語《ひだのたくみものがたり》』（六冊、六《りく》《ろく》樹園飯盛《じゅえんめしもり》作、葛飾北斎画印＝亀毛蛇足、角丸屋甚助版）
『総角物語《あげまきものがたり》』後編（二冊、柳亭種彦作、葛飾北斎画、越前屋版）
『仮名手本　後日之文章《ごにちのぶんしょう》』（五冊、談洲楼焉馬作、葛飾北斎印＝亀毛蛇足、角丸屋甚助版）
『於陸幸助《おりくこうすけ》　恋夢艋《ゆめのうきはし》』前編（三冊、楽々庵桃英作、葛飾北斎、篠屋版）

以上六種が知られる。これらのうち『飛騨匠物語』は、六樹園（石川雅望、一七五三～一八三〇）の代表的な読本で、飛騨の名工の妙術によって話がすすめられており、内容に沿った奇抜で計算された幾何学的な図が多く見い出せるものである。

また『仮名手本　後日之文章』は、文化元年に上演された忠臣蔵の後日譚を五巻の絵入本にしたという焉馬《えんば》の一文があるが、北斎の挿絵は芝居ということを意識しない、リアルな描写が散見されるものとなっている。

馬琴との確執と読本

文化七年（一八一〇）になると、読本は三種が知られるのみで、以降も一二年ごろまで、年ごとに数種の作品が発表されてゆくという程度から、読本への傾注はこの年あたりでいちおう終息に向かいつつあると考えられる。それにかわって正月には北斎初の絵手本、『己痴羣夢多字画尽《おのがばかむらむだじえづくし》』が蔦屋重三郎から上梓され、その巻末には本書の後編と、『略画《りやくが》早字引《はやじびき》』『画本智恵《えほんちえ》の雛形《ひながた》』『かさき連画《れんが》』などの出版予告が見い出されるので、次期への移行期間に入ったとも受けとれるのである。なお、この年から「戴斗《たいと》」の号を使用しはじめていることも、新たな分野へ向かおうとしている姿勢を想像させるものがある。いずれにせよ、本年出版の読本だけでもあげておこう。

『双蛺蝶白糸冊子《ふたつちようちようしらいとそうし》』（五冊、芍薬亭長根作、葛飾北斎辰政、角丸屋甚助版）

『阥阦妹背山《おんよういもせやま》』（六冊、振鷺亭作、江都本荘両国橋辺隠士葛飾北斎印＝亀毛蛇足、石渡版）

『椿説弓張月』拾遺（五冊、葛飾北斎図画印＝亀毛蛇足、平林堂版）

この年代最後の八年には、読本は二種と減少し、滑稽本や合巻、あるいはいく人かの絵師に混じって狂歌絵本に挿絵をよせるくらいで、あまり大きな仕事を見い出すことはできない。しいてあげるとすれば、正月刊行といわれる合巻の『新編月熊坂《しんぺんのつきのくまさか》』（三冊、時太郎画作、蔦屋重三郎版）が、享和三年一月の黄表紙『不厨庖即席料理《ふちやうほうそくせきりようり》』以来、八年ぶりの自画作である点に注目される。ただし、文化五年にはすでに本書の予告がみられるので、制作年や出版経緯については、いまだ研究の余地を残す作品というべきだろう。

そのわずか二種の読本というのは、『勢田橋竜女本地《せたばしりゅうじょのほんじ》』(三冊、柳亭種彦作、葛飾北斎印=雷震、西村屋与八版)と、『椿説弓張月』残編(六冊、曲亭馬琴作、葛飾北斎図画印=亀毛蛇足、平林堂版)である。このうち『椿説弓張月』は、約四年を費やし本編をもって二八巻二九冊で完結したものであった。北斎・馬琴双方を代表する読本として、この完結は記念すべき事柄といえるが、じつは皮肉にも本年両者の間に確執が生じ、絶交にいたったと伝えられているのである(『東洋絵画叢誌』一三集、明治一八年)。この絶交説については虚心もふれているところで、両者はこれ以前にも二度にわたって確執を生じているという。そのはじめは文化四年で、『新編水滸画伝』の挿絵について議論となり、馬琴は北斎の挿絵ではもう翻訳をしないといい、北斎もまた馬琴の訳であれば挿絵を描かないということになった。こまった版元は同業の書肆の寄合で相談し、表題には「画伝」とあるので、北斎の主張を入れ、この後の訳は高井蘭山に依頼したのだという。二回目は、『三七全伝南柯夢』(文化五年)の挿絵に、馬琴の作にはでてこない野狐を描き加えたために衝突したが、これも版元のとりなしでなんとか和解した。そして三度目が本年の確執で、絶交におよんだとされるものである。それは翌九年正月に刊行される『占夢《ゆめあわせ》南柯《なんか》後記《こうき》』の挿絵について、立ち回りの図で馬琴が同樹(立ち回りの登場人物)の口に草履を銜《くわ》えさせ、裾をからげているように描くよう指示した。しかし北斎は笑って聞かず、「誰がこんな汚い物を口にするか。それならあなたがまず銜えてみよ」と言ったので、馬琴は大いに怒り、ついに絶交におよんだのだという。

これらの話については鈴木重三氏（『人間北斎』緑園書房、昭和三八年）が、『三七全伝南柯夢』の校合本（校正をするための本。早稲田大学図書館蔵）の調査をはじめとする実証的研究から、事実ではなかったと結論づけられておられる。いずれにしろ、馬琴と北斎によって隆盛した読本は、二人の結びつきが薄くなったこのころから、しだいに下火となってゆくのであった。そうした推移からも、馬琴と北斎との二人が読本に果たした役割は、きわめて大きなものがあったといわねばならないだろう。

文化初中期の肉筆画

宗理様式を残した肉筆画

読本《よみほん》に傾注したこの年代は、一方で肉筆画にも多くの作品を制作した時代でもあった。しかしその大半は、様式的な特徴やその他の理由から作画年を推定しているもので、制作年の確定できる作品はごくわずかなのである。

ここでも、おおよその作画年を考慮しながら、該期を代表する作品を瞥見《べっけん》してゆきたいが、すでに前項でふれたように、この年代は享和（一八〇一～〇四）ごろから使用しはじめた「亀毛蛇《きもうだ》足《そく》」の印影をもつ作品が大半を占めている。したがって変則的ではあるが、この印を用いた享和ごろから文化八年（一八一一）までをひと区切りとして概観してみることとしたい。

現在確認される中で「亀毛蛇足」印を用いた最も早い作品の一つとして、すでに「魚貝図」をあげておいた（前章「宗理様式の時代」の「独立後の作品」参照）。制作年は享和年代初頭と考えられているものであるが、ついで文化初年を前後する作品としては、「二美人図」（絹本一幅、画狂人北斎画[印]＝亀毛蛇足、MOA美術館蔵）や、「獅子図」（紙本金地四曲一隻屏風、画狂人北斎画[印]＝亀毛蛇足、東京国立博物館蔵）などが知られる。「二美人図」は、北斎壮年期を代表する美人図として重要な作品である。画面は着彩で、座した婦人とうつ向きながら立っている遊女が、見事なバランスで配され、構図、賦彩とも計算されつくした美しさを表出したものとなっている。宗理様式の美人図として、随一の傑作といって過褒《かほう》ではない。これに対し「獅子図」は、墨絵で肥痩の強い描線で描かれ、「二美人図」が細部にまで丹念な描写が試みられているのとは異なって、一気に描出された作品である。その練達した筆づかいは、自信に満ちたものとなっている。この二作品にやや遅れて制作されたとみられるのが、「見立三番叟《みたてさんばそう》」（紙本淡彩三幅対、ともに画狂人北斎画[印]＝亀毛蛇足、太田記念美術館蔵、図18）である。各一幅ずつに能楽の三番叟三老人に見立てた美人を描いたもので、千歳（町娘）、翁（花魁）、三番叟（商家の女房）といった具合になっている。やはり淡彩ということもあって、一気に描かれたとみられるものだが、力強い的確な描線と発想には、この年代の余裕すら看取させるものがある。

　文化一、二年ごろになると「九々蜃《きゆうきゆうしん》」落款の作品がみられるようになる（摺物などの木版作品は文化二年正月から確認される）。主な作品としては、「茶筅売図《ちやせんうりのず》」（紙本、九々蜃北斎画[印]＝亀毛蛇足、ボストン美術館蔵）、「朱描鍾馗《しようき》図」（麻布地幟、九々蜃北斎画[印]＝北斎之印、ボストン美術館

図18　見立三番叟（太田記念美術館蔵）

蔵)、「円窓の美人図」(紙本淡彩、九々蜃北斎席画印=亀毛蛇足、シンシナティ美術館)、「鏡をみる美人図」(独流九々蜃北斎画印=亀毛蛇足、ボストン美術館蔵)などがある。このうち、ボストン美術館所蔵作品は写真のみで直接披見の機会を得ていないので断定的な見解はひかえるべきだが、「鏡をみる美人図」には「独流」とあって、四〇歳半ばには「独自の流派」あるいは「独自な画様式」をもっているという意識が北斎自身にあったと知られるものである。また「円窓の美人図」は、肉筆画としては珍しく、円形の画面に大首の美人が艶《つや》やかな筆づかいで描かれている。これら「九々蜃」落款の作品と、ほぼ同年代の制作になると考えられるものに、「七夕図」(紙本着色、北斎画印=亀毛蛇足、晴明教蔵)をあげることができる。この図では、意識して美人の着物を肥痩の強い描線でまとめあげており、その流れるような墨線の鮮やかさは、懐月堂《かいげつどう》派《は》(安度《あんど》を祖とする浮世絵の美人画派で、江戸中期に活動した)以来といっていい。

力強い簡潔な表現

文化三年に入ると、後述するが六月ごろに上総《かずさ》の木更津に旅し、同地水野清兵衛宅に逗留して、日枝《ひえ》神社奉納の大絵馬「富士の巻狩り図」(板額一面、画狂人北斎旅中画印印=之印、日枝神社蔵)を制作した。富士の巻狩りは、建久四年(一一九三)五月に源頼朝がおこなった富士裾野の巻狩りのことで、このときに曾我兄弟の討入があったが、画面は仁田四郎が猪《いのしし》を仕留める勇壮な場面が中央に大きく描かれている。絵馬ということもあって、剝落した部分が少なくなく、また制作時よりだいぶ退色し、当時とは雰囲気が異なっていると思われるが、縦約一三九・三センチ、横約一八〇・四センチを測る大画面であるので、ダメージを感じさせない迫力と、読本にみられるような武者の力強い表現が印象的な作品である。また、木更津滞在時に描いたと伝わる「釣狐図《つりぎつねず》」（紙本淡彩、画狂人北斎画印＝亀毛蛇足）は、江戸へ帰る直前に見送りの人々を待たせて描いたというだけあって、衣や足には滲みがみられ、それがかえって独特な効果を盛り上げた作品となっている。

翌四年から五年ごろに制作されたと考えられる作品に「酔余美人図《すいよびじんず》」（絹本着色、葛飾北斎画印＝亀毛蛇足、氏家浮世絵コレクション）がある。画面は、三味線箱に両肘《りょうひじ》をついて思い悩む表情の美人図であるが、面貌や体軀は宗理様式から脱し、艶やかさが際立つ一図である。該期の様式を最も顕著にしている点、あるいは力強く簡潔な構成をみせていることからも、この年代における美人図の代表的作例といっていいだろう。

読本傾注期後半の作品として、作画年の明らかな作品には、まず「七福神図」（絹本、北斎筆印＝亀毛蛇足、ジェノバ東洋美術館蔵）をあげることができる。この図は、七福神それぞれを七人の絵師が担当して描いたもので、北斎以外の絵師としては鳥居清長・歌川豊広・勝川春英・歌川豊国・歌川国貞・歌川豊春などの顔ぶれとなっており、とくに豊国の落款には「文化庚午歳甲子之夜」とあることから、文化七年の作品であると知られるものである。

二大大作

この寄せ描きとほぼ同時期ごろの作画と考えられる「潮干狩図《しおひがりず》」（絹本着色、葛飾北斎印＝亀毛蛇足、大阪市立美術館蔵、図19）は、北斎すべての領域にわたる作品の中で、唯一、近年重要文化財に指定された記念すべき肉筆画である。画面は潮の引いた砂浜で、大人や子供らが潮干狩りに興じている光景が丹念に描写され、違和感のない透視画法で伊豆の山並みや富士を遠望させている。そののどかで雄大な画面構成は、北斎独自の賦彩と透視画法が見事に融合した作品といえるが、それにもまして広範な技法が混用されている点に、驚きを禁じ得ないものがある。たとえば近景の土坡《どは》は、中国宋元画以来の漢画描法で墨のみにより描かれ、遠景の富士や連山、あるいは雲や天空の表現は、完全に油彩画のテクニックと明暗法が用いられている。もちろん、人物その他は従来からの北斎様式によるもので、図中には和漢洋の表現法や技法が、まるで当然のように混然一体となっているのである。この一図は、北斎が諸派を研鑽して身につけた、幅広い技法をいかに自家薬籠《じかやくろうちゅう》中のものとしていたか、雄弁に実証する貴重な例というべきであろう。ちなみに本図が制作されたころ、いまだ活躍をつづけていた司馬江漢《しばこうかん》（一七四七〜一八一八）や、亜欧堂田善《あおうどうでんぜん》（一七四八〜一八二三）などの洋風画の絵師たちですら、一作品に対して和漢あるいは和漢洋の技法を、北斎ほど自在に混用することができたかは、遺存作品からみて疑問である。「潮干狩図」にみせる北斎の肉筆画での技法混用——とくに、洋風技法との混用は彼一人時代を一気に飛び越していると実感させる、強い近代性を観る者に与えている。た

図19　潮干狩図（重要文化財，大阪市立美術館蔵）

んに浮世絵というばかりでなく、近世絵画の中でも重要な位置を占める作品とみなすべきであろう。

文化八年、馬琴と北斎にとって約四年を費やした読本『椿説弓張月』が全二八巻二九冊で完結した。それを記念して、版元の平林庄五郎は北斎に依頼して「鎮西八郎為朝図」（絹本着色、葛飾北斎戴斗画印＝雷震、大英博物館蔵）を描かせ、馬琴に賛を寄せさせた（馬琴の賛は除夜に書されたことが、「文化辛未隆冬除夜曲亭馬琴題」と署名にあることでわかる）。画面は、『椿説弓張月』後編巻之二第一八回に見い出されるもので、為朝が男《お》の島で島民たちに剛弓を引かせて、自らの強靭さを示している場面である。全体に金粉が蒔《ま》かれ、華やかな賦彩でありながら、物語に沿った重厚さの横溢した作品で、読本とは異なったリアルで迫力ある画面は、北斎武者図の傑作であり、また典型というべきであろう。読本に傾注したこの年代の最後を飾る一点として、最もふさわしい作品といえるのではないだろうか。

読本期の動静

文化年間に入ると、それまでとくらべて北斎の動静は意外と多くが伝えられるようになってくる。それらの中から、やはり年次順におもだったできごとを拾いあげて、作画上のかかわりや、平素の生活ぶりについてうかがってみることにしたい。

一二〇畳大の大達磨

まず文化元年（一八〇四）で目を引くのは、三月からはじまった江戸護国寺観世音開帳で、会期中の四月一三日に、一二〇畳大の大達磨半身像を北斎が揮毫《きごう》したことである。斎藤月岑《げっしん》の『武《ぶ》江年表《こうねんぴょう》』（『増訂　武江年表』2〈金子光晴校訂、平凡社、昭和四三年〉による）は、「三月より護国寺観世音開帳あり、四月十三日画狂人北斎本堂の側に於いて、百二十畳敷の継紙へ半身の達磨を画く」と、この一大イベントを元年の主な記事の一つとして伝えている。また、大田南畝も『一《いち》話一言《わいちげん》』の巻二九に、「文化元年北斎画大達摩（磨）紀（記）事」と題し、中村文蔵の手記をのせていて、当時の注目度の高さがうかがわれるものである。虚心は、それらの記事をもとにつぎのように記している。

文化元年、江戸音羽護国寺に於きて、観世音の開帳あり、四月十三日、本堂の庭前にて、北斎始て大画の大達摩（磨）を画けり、先つ庭上一面に、麦稗（麦藁《むぎわら》か）をしき、畳数百二十畳敷の大厚紙を、其の上におき墨汁を酒樽（四斗入）に充て、藁箒《わらぼうき》をもて、筆に代へ、恰《あたかも》落葉を払ふかのことく、紙上を馳せ廻りて、異形の山水の如きものを作る、暫時にしてなるといへとも、見るもの、其《その》何たるを弁せす、さて本堂の上にのほりて、これを見れハ、即《すなわち》半身の大達摩（磨）なり、全図の広大なる、口に馬を通すへく、眼に人を座せしめて余りあり、衆其腕力の奇巧に驚かさるハなし

と記して、作画の様子やその大きさなどにも言及している。こうしたパフォーマンスは、寛政一一年（一七九九）の三囲稲荷《みめぐりいなり》開帳で人気をよんだのと同じく、絵師にとっては大きな宣伝になったと思われ、この後、本所合羽干場や両国の回向院《えこういん》、また名古屋においても同様の大画を描いているが、とくに回向院では極小の作品も描いたとされる。同じく虚心は、「北斎大図の巧なるのみならす、又細小の図を画くに妙なり、かの回向院にて、布袋《ほてい》の大図を画きし時、跡にて米一粒へ雀二羽を画く、人みな肉眼をもてこれを見るに苦しむ」と、興味深い逸話をも伝えている。と

もあれ、北斎にとって本格的に読本挿絵へ取り組もうとしている時期だけあって、その宣伝効果は絶大であったと想像されるのである。

馬琴・種彦との交遊

文化三年に入ると、春から夏にかけて、飯田町中坂下の曲亭馬琴《きょくていばきん》宅に寄宿していたことが知られる。それは、翌四年一月刊行の『苅萱後伝玉櫛笥《かるかやこうでんたまのくしげ》』の馬琴自序に、「丙寅の年、画工北斎子、わが著作堂に遊ぶこと、春より夏のはじめに至て三四箇月」とあることで明らかだが、この寄宿は四年の両者の提携読本作品が七種にもおよんでいることからみて、当然仕事によるもので、いちいち往復する煩わしさを避けるためと、作業のスピードアップのためだったと考えたい。寄宿からほどない六月ごろには、江戸を離れて木更津に滞在して、同地の日枝神社に大絵馬を制作し、逗留した水野清兵衛《せいべえ》宅には、「唐仙人《からせんにん》の楽《らく》遊《あそび》」という襖絵《ふすまえ》を描いたと伝えられている。

また、馬琴との読本が一段落した文化五年ごろには、すでに柳亭種彦《りゅうていたねひこ》との親しい交遊関係があったことが知られる。それは種彦の日記によって、断片的にではあるがうかがえるもので、とりあえず残されている日記の中から、文化七年までの様子をみてみたい（『柳亭種彦日記』朝倉治彦校訂、秋山書店、昭和五四年）。

文化五年

八月　八日　日毎雨ふる　北斎老人北雲《ほくうん》会ふれにきたる

文化六年
八月一七日　十七日北斎老人の許を訪ひ　あけ巻かんばん袋へうしをたのむ
文化六年
六月　四日　けふも日よし　今暁八ッ頃　三筋町西町に火事あり　火事見まひに三筋町へゆく　それより北斎方へゆき日めもすあそぶ
一二月一一日　梭江君子江手紙遣す　北斎主より宝船板来る
一二月二二日　北斎歳暮にきたるよしあわず……
一二月二四日　空はれなり　北斎子の許を訪ひ　北嵩《ほくすう》子とともに西村へよる……
一二月二五日　……八百屋お七前世物語り鹿子《かのこ》の下染といふ読本を　此頃おもひあたり　昨夜北斎子に咄す　すぢ別記にあり
文化七年
一月一〇日　……北斎年初ニキたる　種彦道ニてあふ　来年の大小もらふ……
一月一二日　一昨日北斎主来　辛未大小もらふ　なくしそふなる故かきつけおく……
二月　一日　昼前北嵩子の家へ行　北斎子へゆきおらんたの十露盤《そろばん》けいこなす……
二月一二日　北斎子八代粂蔵殿より使来ル……
二月二六日　……種彦北斎主知道ぬし訪ふ……
三月二六日　種彦昼頃より北斎子知道子の許を訪ふ……

四月　一日　此頃北斎門人北周改名して雷周といふ者　祖母ぎんに孝行ゆへ　白銀三枚ぎんへ一人ぶちくださる……此孝行之次第北斎かたよりたのミ来り　梅塢主人とゝもにさくをなしけるが北斎かたよりとりに着たらず……

四月二六日　北斎子とふ

断片的ではあれ、以上のようにプライベートな面でも両者の親しい交遊があったことがうかがえて、『柳亭種彦日記』は貴重な資料といえるのだが、各記載を丹念にみてゆくと、さらにこの時代の北斎を取り巻くいくつかの情報を読みとることができるだろう。たとえば、種彦との交際は、北斎門人の北雲（五年八月八日記載）や、北嵩（六年一二月二四日・七年二月一日記載）にも及んでいたこと。種彦とは一日中遊ぶという親しい付き合いであったこと（六年六月四日記載）。北斎が年末には、歳暮にまわっていたという事実（六年一二月二二日記載）。種彦が、読本の構想を北斎に相談するという間柄であったこと（六年一二月二五日記載）。また、北斎と種彦にかぎったことではないが、正月には絵師が挨拶として大小（絵暦）を知己に配るという風習があったことと、早くも翌年の大小を渡しているという事実（七年一月一〇日・同一二日）などである。

新宅を構える

この『柳亭種彦日記』に北斎が登場しはじめる文化五年八月に、もう一つ大きなできごとがあった。それは現在知られる中で、生涯にたった一度、北斎が新宅（本所亀沢町）を構えたことである。この時以外は、伝えられるところではすべて借家住まいとされているのであるから、当の北斎にとっては一大事であったに違いない。かつて新築祝の書画会開催を伝えた報状が紹介されたことがあるので、全文をあげておこう。

こたひやつかれとし浪の五十路ちかく亀沢町にさゝやかなる庵をむすひいのちなかうせむ事をほつするの折からねもころにかたらひつる諸君子のさまぐ〳〵に風流を尽して新宅を賀し給ること楽くて露けき葉月末の四日柳はし河内や半二郎か楼をかりて四方八方の名家をあつめ終日祝ひの盃をめくらして恩をしやせんとす乞ねかはくハ晴雨を言すいと賑々《にぎにぎ》しく枉《まげて》賀あらむ事をねこふのミ　諸名家画賛かけ物六十　北斎自画之　絹地五ツ　画讃扇七十　会主葛飾北斎　補助扇面亭折主

おそらく、今を時めく浮世絵師北斎であれば、この書画会は大賑いで大成功裏に閉会したと思われるが、どうしたことか、翌年にはふたたび本所両国辺に借家住まいして、以降、終生引越を繰り返したのであった。

翌六年は、ほとんど北斎の動静を伝える資料は見い出せないが、しいてあげるとすれば本年と翌年にわたって、芝居看板を鳥居派の絵師とともに描いていることくらいであろう。

七年では、正月一六日に曲亭馬琴が両国の三河屋で催した書画会の発会に北斎が出席していることが『滝沢家訪問往来人名簿』に記載されており、三、四年のころの緊密さはないものの、両者の交際はいまだプライベートな面でも保たれていることがうかがわれるのである。

この年代の北斎の動静をたどってみると、まさに読本挿絵の制作に明け暮れ、周囲の人々の多くもまた、馬琴や種彦など、読本にかかわる作者たちであった。北斎をして読本の盛行があったとする『増補浮世絵類考』の記載も、こうして作品と動静を瞥見してくれば、おのずとその評価が正当なものであったと首肯されるだろう。

絵手本の時代

絵手本の沿革

旅行と絵手本

ようやく読本《よみほん》挿絵の仕事が減少した文化九年（一八一二）ごろ、北斎は関西方面への旅行にでかけたといわれる。虚心《きょしん》はこの旅行で、大坂・和州吉野・紀州・伊勢などを訪れたと想像しているが、それを証明する資料はなく、実態は明らかとなっていない。ただし、秋ごろには中京の名古屋に長期間の滞在をしたことだけは事実で、虚心はこの滞在もやはり関西旅行の帰途のことと考察している。

じつはこの名古屋滞在では、門人の牧墨僊《まきぼくせん》（一七七五〜一八二四）宅に逗留し、三〇〇余図にもおよぶ小さな絵柄の版下絵を制作したといわれる。その版下絵は、二年後の文化一一年正月に、絵手本《えでほん》『北斎漫画《ほくさいまんが》』初編として、同地の版元永楽屋東四郎《えいらくやとうしろう》から売り出されるのである。こうした経緯や、滞在が半年にもおよんだとされていることなどから、当初から仕事の約束をもってでかけた旅行だったと考えることが自然であろう。

北斎は、この文化九年の旅行を終えて以降、しだいに絵手本の制作へ情熱を注ぐようになってゆく。その情熱は終生やむことはなかったが、ここではいちおう、文政末年ごろまでの約一七年間を絵手本の時代とみなしておきたい。

絵手本とは

絵手本とはどのような本なのか、一般的な考え方を知る目安の一例として、『広辞苑』(第四版)を引いてみると、「絵を習うのに用いる手本」とし、またたんに「習うとき模範とする文字や絵を書いた本。臨本《りんぽん》」としている。広義に解釈すればまったくそのとおりで、絵画学習のための教習本と理解すればいいだろう。がんらい書道における学習の基本が臨書《りんしょ》であるように、習画法の基本も臨写《りんしゃ》で、ともに忠実な様式継承が最も重要な上達法とされていた。したがって絵手本は、習画のうえで画様式や技法をマスターするための指針となる教材として、ほとんどの画派では師から弟子に描き与えられたものである。こうした一画派で描き継がれた絵手本の大半は、特定の弟子や派内の絵師たちだけのもので、肉筆で描かれるのがふつうであった。

これに対し、不特定多数を対象とした習画のための版本は、中国の南宋ごろから出版され、明清の著名な画譜《がふ》類がわが国にもたらされて、大きな刺激を与えたのである。そのおもだったものには、明末に黄鳳池《こうほうち》などが編集した『八種画譜』(一六二一年ごろの刊行とされる。『唐詩画譜』三部、『梅蘭竹菊譜』『古今画譜』『名公扇譜』『草木花鳥譜』『木本花鳥譜』の八種からなる。わが国では寛文一二年に最初の翻刻本が出版されている）や、胡正言《こせいげん》の『十竹斎書画譜《じっちくさいしょがふ》』（一六一九〜二七年。全一八巻）や、『芥子園画伝《かいしえんがでん》』（初集全五巻、一六七九年の序文がある。李流芳《りりゅうほう》の画譜を王概《おうがい》が増補したもの。わが国では寛延二年には翻刻本が出版されているという）などが最もよく知られ、江戸時代初中期の画壇に多大な影響をおよぼしたのであった。当然のようにわが国でも、これら舶載された画譜類に触発されて、同様な出版が一八世紀中葉ごろから関西の漢画系絵師たちによっておこなわれるようになる。それがしだいに他派にもおよび、四条円山《しじょうまるやま》や文人画《ぶんじんが》派などの鑑賞用をもかねた画譜の出版へと向かっていったのであった。

ところで、こうした画譜と絵手本は呼び名が異なるように、内容にもなんらかの相違があるのだろうか。また、双方明瞭な区分が可能なものなのかという問題については、従来ほとんど言及されてこなかったといっていい。そこでまず、北斎絵手本への理解のうえからも、画譜と絵手本とをどのように解釈しておけばよいのか考えておきたい。絵手本についてはすでにふれているので、画譜とは何かを調べてみると、たとえば『新潮　世界美術辞典』（新潮社、昭和六〇年）では、「絵画技法を図解した画法書。中国で、版本技術が確立する宋代より、画家や文人が画を学ぶ手引書として生まれた。……」と規定している。ちなみに絵手本についての記載はない。つづいて、絵手本の場合と同じく『広辞苑』の画譜の項をみてみると、「絵画を類集した冊子。また、画論などをのせたものにもいう」としており、もう一歩踏み込んで画譜の「譜」のみが意味するところでは、「物事を系統・順序をたてて記し、または類従したもの」とある。つまり、画家や文人が画を学ぶための手引書であり、内容は特定の絵画を系統・順序だててのせた冊子ということになるだろう。とすると、これらの記述からは絵手本と画譜との間には「絵画を類集（系統・順序だて）」したということ以外、特別な相違はなく、習画の手引書（教習本）という点では、ほぼ同様な内容を示しているとみてよさそうである。

すくなくとも、わが国の近世からみられる絵を収載した習画の教習版本は、たとえ特殊な内容であっても、だいたいが絵手本とよばれている事実から、画法・画集・画論その他、広範なものを包含して総称されているといっていい。もちろん、中国からの伝統的な画譜も、絵手本という漠然とした括りの中の一つとしてとらえられてきたのであった。

鍬形蕙斎の絵手本

中国からもたらされた画譜の影響を受け、一八世紀中葉ごろに、上方で漢画系絵師たちによって、同様な出版がおこなわれた。浮世絵で早いものとしては、京都の西川祐信《すけのぶ》（一六七一〜一七五〇）などに例をみることができるというが、本格的な出版はやや年代が下がって、江戸の地においてであった。その江戸での絵手本出版にいち早く活躍をみせ、北斎にも少なからず影響を与えたのが鍬形蕙斎《くわがたけいさい》（一七六四〜一八二四）であった。

蕙斎は浮世絵を北尾重政に学んで、一七歳のときに俗称の三二郎の名で黄表紙《きびょうし》の挿絵を発表した。天明元年には北尾政美《まさよし》と号し、以降、洒落本・噺本などの版本挿絵をはじめ、武者絵・美人画や浮絵などの錦絵にも多くの作品を制作している。また寛政六年（一七九四）五月には作州津山侯松平家のお抱え絵師となり、同九年には祖母方の鍬形姓を名のり狩野養川院惟信《かのうようせんいんこれのぶ》の門人ともなって、晩年は肉筆画に専念した。絵手本については、まず鳥類の画集というべき『来禽図彙《らいきんずい》』（一帖、群玉堂版、寛政二年）がある。ついで後年に北斎も同種の絵手本を発表していることで注目される、職人たちを対象とした『諸職画鏡《しょしょくがきょう》』（一冊、須原屋市兵衛版、寛政七年）があり、これにつづいて同年一二月から発表された『略画式《りゃくがしき》』が、一躍この方面における蕙斎の名を高からしめたのであった。その表題をもつ絵手本は、『略画式』（一冊、寛政七年一二月）、『人物略画式』（三冊、寛政七〜九年）、『鳥獣略画式』（一冊、寛政九年）、『山水略画式』（一冊、寛政一〇年）、『蕙斎略画式』（一冊、文化六年五月）、『草花略画式』（一冊、文化一〇年）といった具合に多く、評判をよんで数種が刊行されていることが知られている（仲田勝之助『絵本の研究』美術出版社、昭和二五年）。これらの中には、具体的に北斎絵手本と共通する図様や、発想を指摘することのできる部分もあって、その影響を無視することはできない。ただし、それは北斎絵手本中のほんのわずかな部分であって、幅広い受容のうちの一部というべきものである。

いずれにしろ、蕙斎が北斎批判をしたという記録があり、この問題についてはは後にふたたびふれることとしたい。

絵手本出版の事情と『北斎漫画』

絵手本出版の理由

北斎が発表した版本の絵手本《えでほん》で初作とされているのは、読本《よみほん》挿絵時代の末にあたる、文化七年（一八一〇）正月に蔦屋重三郎《つたやじゆうざぶろう》から出版された『己《おのが》痴羣夢多字画尽《ばかむらむだじえづくし》』（一冊、武部源蔵門人涎繰《たけべげんぞうもんじんよだれくり》著）である。その後、同九年正月にも『略画早指南《りやくがはやおしえ》』初編（一冊、蔦屋重三郎版）があるが、本格的な発表をしはじめるのは、文化一一年正月に出版された『北斎漫画』初編からであった。

なぜ北斎は、この年代になって絵手本の制作に意欲を示しはじめたのだろうか。その理由はさまざまな角度から考えられるところだが、おもだった点はつぎのような事情によるものと思われる。

(1)門人の増加にともない、そのつど肉筆の絵手本を描き与える不便さから、多量に摺刷《しゆうさつ》生産が可能な版本形式の絵手本を版行した。

(2)直接の門人にかぎらず、全国に散在していた多くの私淑者たちにも、意欲的に葛飾派の画風を普及させようという意図があったと思われること。

(3)当時、各方面の職人たちが北斎の挿絵を下図として直接利用していることから、その者たちのための図案集として版行したという点もあること。

など、ほかにもいくつかの要因は考えられるだろうが、おもな事情はこの三点にあったといっていいだろう。では、このそれぞれに少しく検討を加えてゆくことにしたい。

まず、(1)の門人の増加と絵手本とのかかわりについてである。この年代、北斎はすでに葛飾派とよべる一大画閥を形成していたと考えられる。現在までの調査で、

門人の増加

最も早い時期における門人の存在は、春朗時代末ごろからとされているが、確実なのは宗理期に入ってからとみられ、享和から文化初年にかけては急速にその数を増加させたと思われている。さらに、その生涯における門人の総数は、孫弟子までをふくめるとじつに二三〇名以上を数えることができ、幕末の浮世絵界では歌川派に拮抗する勢いをみせているのである。ただしその多くは、歌川派が専業絵師たちの集団であったのに対し、ほとんどが作画を職業としない者たちだったことが、大きな相違といえる。しかし大半が専業絵師でなかったにせよ、これら多数の門人たちに対し、北斎はどのような教習をおこなっていたのだろうか。虚心は、教習の一端を「北斎門

人多し、然《しか》れとも自《みずから》教授することを好ます、其の門人たらんを請ふものあれハ、自画きし刻板の画手本を出たし、先つ画かしめ、そこゝと、短所を指して、教へたるのみ、されと門人中に、名手を出たす多し」と、絵手本を教材としていたと述べている。はたして門人の習画がこの記述のとおりであったかを知るうえで、最も貴重な資料といえるのは、何あろう北斎が発表した『北斎漫画』の序文中に見い出すことができるのである。たとえば、文化一三年（一八一六）夏に刊行された四編の絳《こう》（絳）山漁翁《ざんぎょおう》（小枝繁《さえだしげる》か）の序文では、

……今や葛飾戴斗先生、画に堪能にして其名高く、其画を乞ふもの多く、都下の紙これが為に貴し、爾《しか》れば閣（擱）筆に遑《いとま》なく、門人臨本に乏しきを患《うれ》ふ、先生これを憐ミて、邂逅《かいこう》閑ある毎に、山水人物をはじめ、動物器財に至るまで、随筆してこれを写、梓彫て以門人に授、初学の梯楷《ていかい》たらしむ……

と、『北斎漫画』出版の事情を述べ、門人の臨本となっていたことにもふれている。この絳山は、文政元年正月刊行の八編にも序文をよせており、そこでは北斎自身の作画への姿勢と、門人たちの要望についても記している。絵手本に対する、師弟の様子をうかがうことのできる一文であるので、これまた紹介しておきたい。

戴斗翁幼より画癖あり唯食唯画而已《のみ》遂にもて葛飾一風を興し画名世に高し於茲《ここにおいて》其門に入て伎（技）を学ふ者多し翁これに教て曰《いわく》画に師なし唯真を写事をせは自ら得へし門人これを

愁ふ或人翁か言を聞て翁を諫《いさめ》て曰翁ハ葛飾一家の画祖なり翁か風を慕ふ徒ハこれか風たらん事を欲す然れハ何と他に師を索《もと》むへけん離婁《りろう》の明《めい》公輸子の巧も規矩を以てせされハ方員を成事能ハす翁の門に遊ふの徒翁の臨本を得されハ葛飾風たるを不得《えず》何そこれを察せさるやと翁この言を爾《しか》りとし山水人物鳥獣草木堂宇器財に至るまで閑ある毎に写し出し上木し以て門人に授く……

この序文の内容からうかがわれるのは、「葛飾一風を興し画名世に高し」とあることから、北斎の画様式が一般にもよく知られていたこと。この当時、多くの門人がいたこと。北斎の習画に対する姿勢。絵手本（とくにこの場合、『北斎漫画』）が門人のための臨本として出版されたこと。すくなくとも絳山は、この年代に北斎が葛飾派を興していて、その画祖であると認めていることなどであろう。ただし『北斎漫画』にかぎらず、絵手本は版元という商業資本によって版行されるものであるから、門人間だけのために刊行されたとみるべきでないことは明らかである。

私淑者と職人層の拡大

してみると、版元は売れ筋として前にあげた(2)の、門人にかぎらない全国に散在していた不特定多数の私淑者（習画をおこなった者と、たんに北斎作品のファン）を期待していたとみる方が自然である。それは、版元と逆の北斎の立場に置き換えてみても、期待は同じと思われ、狂歌絵本や読本挿絵の活躍で、二〇年近くをかけて積み上げた名声をもとに、さらなる私淑者層の地域的拡大と人的増大を期待していたとも考えられる。

まず、その具体的な例を版元側からみると、北斎挿絵の読本を最も多く出版した角丸屋甚助は、『北斎漫画』二編から主力版元として一〇編までの刊行をおこない、このほかにもいく種かの北斎絵手本にも関与している事実がある。こうした角丸屋の絵手本に関する出版活動は、読本で最も北斎ファンの多さを熟知していたからこそできた商業行為だったとみるべきであろう。

北斎側からも、私淑者あるいは門人の地域的な拡大と人的増大という点でみると、詳しくは後にふれるが、二度にわたる関西旅行とそれにともなう名古屋滞在がよい例といえる。これらの旅行では、その土地で門人を育成し、絵手本の出版をもおこない、また商店の看板を制作したり、一二〇畳大の大達磨を揮毫《きごう》するなどの宣伝にも努めているからである。具体的に門人についてあげてみれば、大坂では千鶴亭北洋（生没年不詳。心斎橋筋塩町に住し、役者絵、美人画を得意とした）、雪花亭北洲（生没年不詳。石屋橋東詰に住し、役者絵を得意とした）、春陽斎北敬（生没年不詳。北洲にも師事し、役者絵を得意とした）などがあり、名古屋では前にあげた牧墨僊《まきぼくせん》（はじめ喜多川歌麿門人）、東南西北雲（生没年不詳。大工を業としていたと伝わる。若干の錦絵と肉筆美人図がある）、北鷹（生没年不詳）、沼田月斎（一七八七〜一八六四。尾張藩士で墨僊の門人でもあった。版本挿絵や若干の肉筆美人図があり、この画統は川崎千虎、小堀鞆音へと引き継がれている）などが北斎絵手本の奥付から知られている。これらのうち、北洲は後年大坂を代表する浮世絵師として活躍し、墨僊は名古屋画壇の中枢的役割を果たしていることをみれば、北斎の意図はある程度達せられたものと考えられるのである。

(3)の、職人たちの図案集として出版されたという点についてはどうだろう。これは実際に、北斎の絵手本から図柄を採った作品が多数遺存していて、当時の職人たちが広く活用していたことが知られている。すくなくとも筆者が確認している近世・近代のそうした作品としては、櫛・煙管・鐔《つば》小道具・印籠・根付・陶磁器・染色などの広範囲にわたっているのである。また、直接の北斎の門人中にもいく人かの工芸作家がいるので、各分野の職人層とも深いつながりがあったことは事実であろう。

『北斎漫画』の海外での評価

巻頭でもふれたが、巻間の北斎認識で最もよく知られている作品には、錦絵の「冨嶽三十六景」と、それにつづいて『北斎漫画』（図20）がある。「冨嶽三十六景」については後述するが、絵手本の『北斎漫画』がなぜ知名度が高いのかというと、それには二つの大きな理由があげられると思われる。その一つは海外に与えた影響であり、もう一つは作品自体の高い芸術性と膨大な図様にあるといっていい。

このうち、海外に与えた影響という点では、まず北斎存命時に収載図のいくつかがヨーロッパで転載されているという事実がある。最もよく知られているのは、フィリップ・フランツ・シーボルトの『日本』（一八三二年より五一年まで二〇分冊としてオランダで刊行）である。鎖国の時代としては、異例の早い転載であったといえるだろう。さらに、このような具体的な例とは異なるが、ヨーロッパ全土に北斎の評価を高からしめた『北斎漫画』に関する逸話が伝えられている。それは、一八五六年にフランスの銅版画家フェリックス・ブラックモンが、日本から送られてきた陶磁器の梱包に使用されていた『北斎漫画』の一冊を摺師の家で発見し、以降、その描写の妙をさかんに宣伝したことが、浮世絵の流行のみならず、多くの印象派の芸術家たちに影響を与えたという伝説的な話である（近年の研究では、この話の信憑性はきわめて疑わしいとされている）。いずれにしても、『北斎漫画』が西欧における浮世絵流行の端緒になったことは事実であり、また多くの芸術家に大きな衝撃を与えたことも、まぎれのない事実なのである。

膨大な図様と高い芸術性

では、『北斎漫画』自体の高い芸術性と、膨大な内容による評価という点についてはどうだろう。この画集は、すでにふれたように文化九年の名古屋滞在の折に、同地の門人・牧墨僊宅で描いた下絵が一一年になって上梓され、出版が開始されている。以降、だいたい毎年二冊ずつが刊行されて文政二年（一八一九）に一〇編でいちおう終巻とされた。しかし人気は衰えることがなかったようで、続刊されて明治一一年（一八七八）に全一五巻で完結したものである。その収載された総図数は約三九〇〇余にもおよんでいて、まったく絵の百科図典といえる広範で多彩な内容をみせている。それは「漫画」という表題からもうかがうことができるもので、この語は今日いうカリカチュアという意味でなく、北斎が気の向くままに漫然と図柄をアトランダムにまとめたと解釈すべきものである。実際、全一五冊

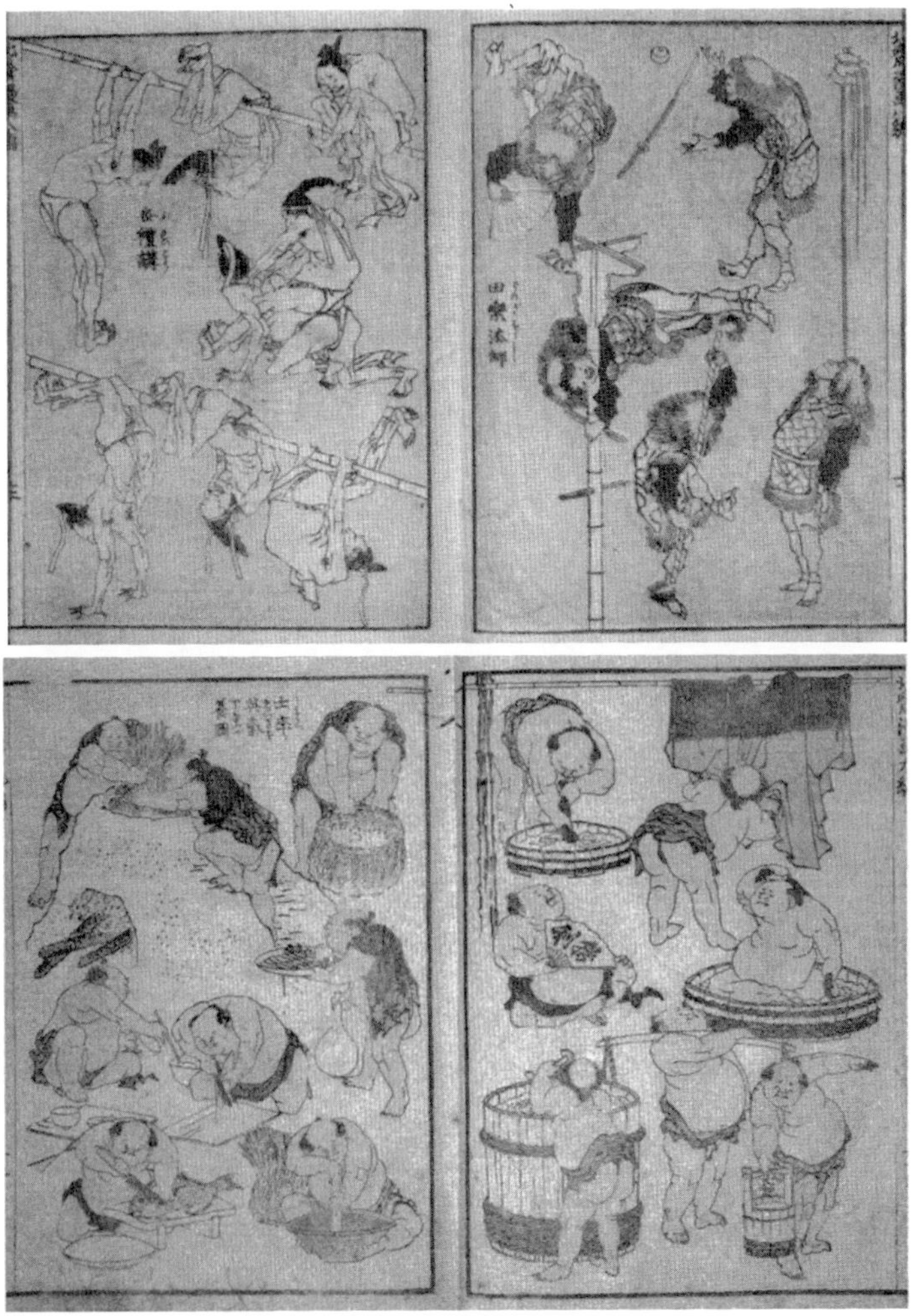

図20　『北斎漫画』八編（上），九編（下）

中には、版元の意向にそった収載図の構成をみせていながらも、森羅万象ありとあらゆる事物が興の向くままに収められたという感がある。それだけに、いかにも北斎らしい芸術性の横溢した図様が散見され、たんに絵手本というだけでなく、初編を作画した五三歳から没年におよぶ、約三八年もの画風変遷や豊富な画想をうかがうことのできる資料とみなされている。こうした理由から、現在『北斎漫画』は数多い絵手本の根幹を成すものと位置づけられているのである。

なお、北斎にとって絵手本が占める重要性は、たとえば従来の狂歌絵本は指示された特定主題の挿図であり、また、読本が話の筋にそった挿図であったのに対し、はじめての絵本位な版本であったことだろう。もちろん絵師として、従来からの挿絵本とくらべると自由な表現力と発想を発揮できる版本分野だったことはいうまでもない。

初編の刊行

北斎が文化九年に名古屋に滞在して描いた三〇〇余図の版下絵は、二年後の正月になってやっと上梓された。これほどの月日を要したのは、版元の永楽屋《えいらくや》東四郎(東壁堂《とうへきどう》ともいい、創業は安永五年。文化元年には、尾張藩御蔵元の名を賜るなど、名古屋最大の版元として営業がつづけられた。北斎との関係は、二、三代の東四郎にわたったが、最初に『北斎漫画』の出版にかかわったのは二代目で、ちょうど文化末年ごろから江戸の版元とも広い関係がみられるようになった)が慎重だったためと考えられる。というのは、この画集は最終的に全一五冊で完結したが、現在初編初摺とされる遺本を調べてみると、題簽《だいせん》をはじめどの部分にも「初編」の文字は見当たらず、また袋にも編数を示す文字はみられないので、おそらく当初は一冊のみの単独本として出版が計画されたと思われるのである。その慎重な姿勢は刊行後も同じだったとみえて、二編からは相合版《あいあいばん》（共同出版）でありながらも、主力版元が江戸の角丸屋甚助に移っていることからもうかがえる。また初編初摺本の遺存数が他編とくらべて極端にすくないことも、永楽屋がそれほど多くの部数を発売しなかったことを意味していると思われるのである。

二編からの出版

永楽屋を主力版元として発売された『北斎漫画』は、その内容の多彩さなどから江戸の角丸屋が意欲を示して、まず三冊本として続刊する計画を立てたようである。しかし意外に評判をよんで、売れ行きもよかったとみられ、ただちに角丸屋を中心に、一〇編で完結させる計画に変更されたようであった。それは文化一三年（一八一六）夏に出版された『北斎漫画』四編巻末の広告に、つぎのようにあるからである。

北斎漫画初編二編三編　興《きよう》に乗じ心にまかせてさま〲の図《かたち》を写す篇《へん》を続《つい》で全部に充《みてん》こと速《すみ》也《やか》

同　四　編　草筆《そうひつ》を加へ席上の臨本にしからしむることを要とす

同　五　編　花表《とりい》堂塔《どうとう》迦《が》檻《らん》月卿《げつけい》雲客《うんかく》館《かん》斉《さい》房舎《ぼうしゃ》を委《くわし》くうつしてなをつきざるハ編々《へんへん》にもらすことなし

同　六　編　剣法《けんぽう》鎗法《そうほう》弓馬《きゆうば》炮術《ほうじゆつ》等稽古のかたちをうつしてつまびらか也　尤武《もっともぶ》

徳《とく》の尊きを表《ひょう》せる一書と云べし

同　七　編　国々名勝の地《ち》風《ふう》雨《う》霜雪《そうせつ》のけいしよくをうつす

同　八　編　前編に洩《もれ》たるを補ひ且《かつ》錦繡《きんしゅう》養蚕《ようさん》の業をゐがく

同　九　編　和漢の武者および貞婦烈女《ていふれつじょ》のたぐひを戴《の(ママ)》す

同　十　編　神仏並に貴《き》僧《そう》高僧《こうそう》幻術《げんじゅつ》外《ほか》風流《ふうりゅう》の人物等をしるす

これをみると、すくなくとも文化一二年ごろにはだいたいの内容決定がなされ、長期計画がすすめられていったと思われるのである。各編の出版年をみてみると、二・三編（文化一二年）、四・五編（同一三年）、六・七編（同一四年）、八編（文政元年）、九・一〇編（同二年）と、おそらく予定通りの順調な刊行であったと考えていいだろう。

一一編からの続刊

文政二年（一八一九）春、好評のうちに一〇編の出版がなされ、いちおう『北斎漫画』は予定通りに刊行を終えた。おそらくその後、本書は従来の関係のままで、両版元によって小売や卸がつづけられたとみられる。が、文政末年（一八三〇）ごろ、角丸屋は営業不振に陥ったらしく、また、曲亭馬琴が『近世物之本江戸作者部類』で、「……又水滸伝の板ハ角丸屋甚助没して後文政丁亥（文政一〇年）の秋甚助子某これを英平吉に売りけり……」と記しているように代替りをし、先代からの蔵版《ぞうばん》（版木）も売却されるなかで、『北斎漫画』の版木も永楽屋へと譲渡されたのであった。その年代は、やはり文政一〇年か一一年ごろと思われ、一二年春には、永楽屋によって摩滅していた初編の版木は全面再刻され再出版されている。

この後も、一二編までは角丸屋の関与があったことは知られているが、すくなくとも一〇編以降は、永楽屋主導の出版がつづけられたのである。そして再出版を機に、従来の一〇編完結という予定から、二〇編完結の計画が立てられたものと考えられる。柳亭種彦が一一編の序文で、「……往《すぐ》る文化それの年より意にまかせ筆に随ひ何くれとなく画《えがき》たるを既に十巻刊行なしゝかそれにさへ飽《あき》たらす需《もとめるもの》者しけきにより翁ふたゝひ筆をくたし漏《もれ》たるを拾ひて速《すみやか》に此巻成《なり》ぬ当編を次《つぎ》て廿編をもて全部となすこと近きにあり……」と記していることからもそれとうかがわれるのである。しかし、一〇編までの角丸屋とは異なり、永楽屋の出版方針がやはり慎重で十分な長期プランを立てなかったせいか、各編ごとの内容は大きく相違をみせて統一性がなく、刊行もなりゆきにまかせたという感が強い。その刊行状況も、一一編（刊年不詳）、一二編（天保五年正月）、一三編（嘉永二年?）、一四編（刊年不詳）、一五編（明治一一年九月一日）と、各編に隔たりをもっている。

ちなみに最終巻の一五編は、永楽屋によって、北斎の他の絵手本と、名古屋の絵師に描かせた図を収めて一冊としたもので、厳密には一四編までが純然たる北斎の作画とみなすべきものであろう。

文政末年ごろまでの作品

『略画早指南』と『紅毛雑話』

文化九年（一八一二）から文政一二年にわたる、約一七年間のおもだった作品について順次みていくこととしたいが、やはりここでは年代を特徴づける絵手本《えでほん》について重点をおき、筆をすすめてみたい。

絵手本時代の初年にあたる、文化九年と翌一〇年は、いまだ作品の大半が読本《よみほん》挿絵で占められている。その数は九年が四種二四冊におよび、一〇年は二種一二冊を数える。これに対し、二年間で絵手本は九年正月に出版された『略画早指南《りゃくがはやおしえ》』前編（一冊、蔦屋重三郎《つたやじゅうざぶろう》版、図21）のみで、本格化しているとはいいがたい。しかし、九年中に名古屋滞在をおこない、『北斎漫画』初編の版下絵を制作しているので、この二年間は絵手本への始動の時期とみなすべきであろう。その始動期唯一の絵手本『略画早指南』は、きわめてユニークな内容をみせている。巻頭の付言で「此書ハひでうぎ（樋定規）とぶんまハし（コンパス）をもつて絵をかくの法にして是より入るときハ絵のわり合をはやくしりてかつかうつり合おのづから出来る也」と解説しているように、収載図すべてを定規の直線（あるいは角）とコンパスの円で、骨格の描き方を図示したものである。また、文化一四年の角丸屋甚助の広告にも「此書ハ□《き》○《く》の二ツをもつて諸《もろもろ》の形を画《えが》く万物規《ばんもつき》求《く》（矩）を離るゝ事なしされハ此書によりて学《まなば》ハ画道《がどう》に入事《いらんこと》速《すみやか》なり」とあり、円と角によって作画の方法を示す絵手本であることを告げている。こうした着想は、どこから出ているのだろうか。じつは、森島中良が著した『紅毛雑話』（五冊、天明七年序、須原屋茂兵衛ほか刊）巻四の、「紅毛の画法附銅板の法」に載せられた「シキルデルブック」の模写からヒントを得たと考えられている。それは、人体全体から顔面、手足などの各部分を、方眼とコンパスによって割り出すことを図示したものであった。前にふれた鍬形蕙斎《くわがたけいさい》も、同書に挿絵をよせているためか、『略画式』の冒頭にこの人体図の一部を載せているが、北斎のそれは参考にはしながらも完全に独自のテクニックに発展させ、鳥・動植物・虫・魚・景観その他にまで応用している点に大きな相違があるといえる。北斎は、この『紅毛雑話』の挿絵について文化初年ごろから興味を示していたらしく、摺物や錦絵を包んだ袋などに、同書に収載されている顕微鏡の図を用いているし、また『北斎漫画』でも一三編の「銕眼締《てつぽうわな》」をはじめ、いくつかの図を用いていることが指摘できる。このような題材における着想のヒントは、北斎絵手本全体を概観すると、画譜をはじめ名所図会

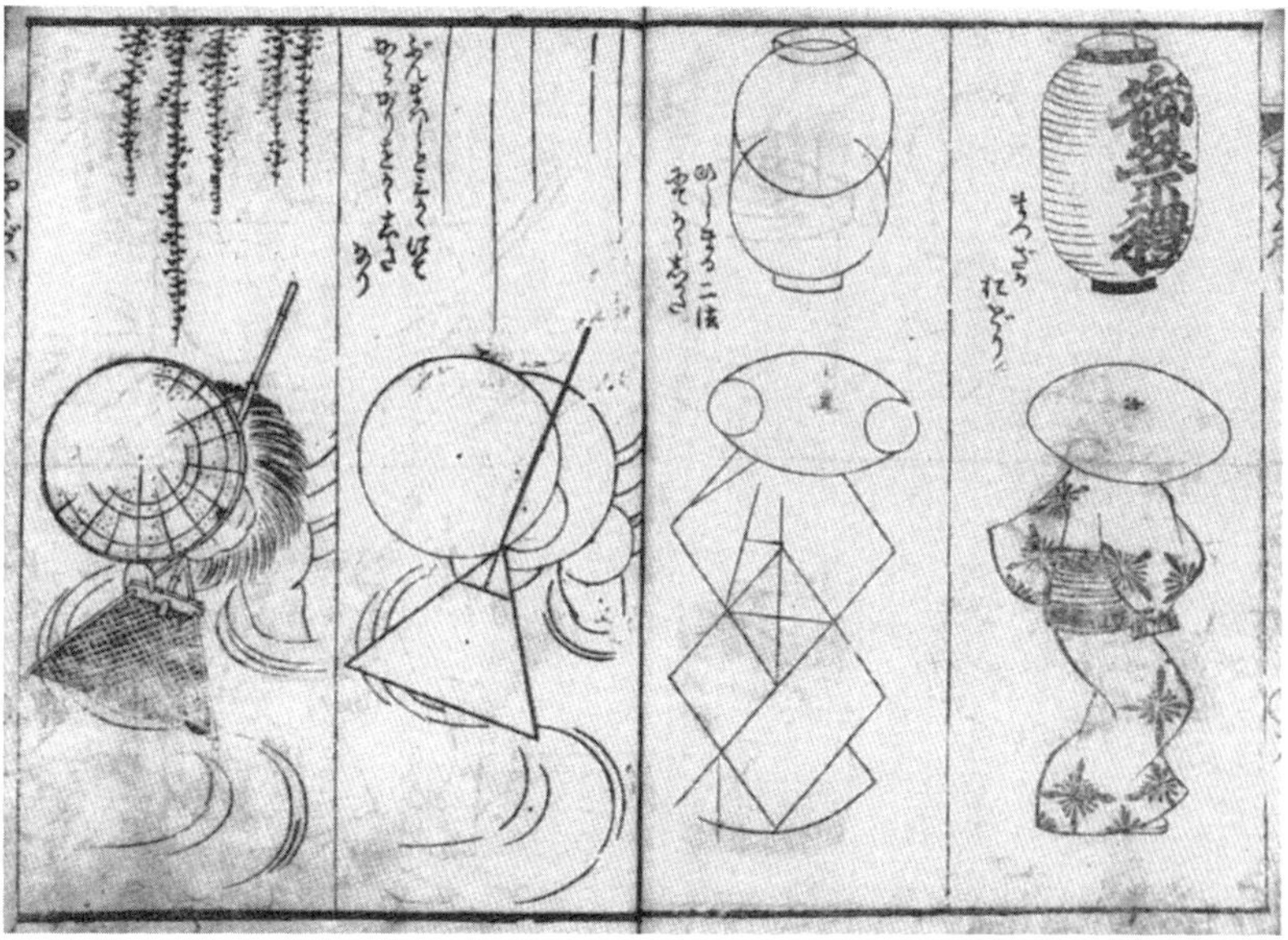

図21　『略画早指南』

図22　鯉図（埼玉県立博物館蔵）

やその他特殊な書籍にもおよび、じつに多種多様な版本類を典拠としていたことが知られるのである。北斎絵手本が内蔵している魅力の一端が、たゆまぬ旺盛な知識欲と、自在な発想によって成立していることを強くうかがわせる例といえるだろう。

印顆譲渡

この両年のうち、北斎研究上で欠くことのできない肉筆作品があるので、これについても簡単にふれておきたい。その作品は、紙本淡彩の「鯉図」(紙本一幅、北斎印=亀毛蛇足、埼玉県立博物館蔵、図22)である。横長の構図に墨の濃淡を基調としながら、ゆるやかな流れに悠然と泳ぐ鯉と亀を描いた佳品だが、ひときわ注目されるのは、向かって左端に記された北斎の添書きで、その内容は「年来持伝候亀毛蛇足《きもうだそく》之印御譲り申上候出精可致候以上　文化癸酉年四月廿五日　北斎印=亀毛蛇足」と判読される。つまりこの図の依頼者に、絵とともに「亀毛蛇足」印を譲渡し、出精するようにといっているのである。その印顆《いんか》を譲り受けた者は、楢崎宗重氏の考証で、北明(生没年不詳。井上氏で、名を政という女流絵師)という弟子であったことが明らかとなっているので、印顆譲渡の記念に師の作品も一緒に与えられたことが知られ、たんに優れた肉筆画というだけでなく、貴重な資料ともみなすべきであろう。また該印は、享和年代から用いられてきたもので、北斎の四、五〇歳代を代表する印影として、肉筆画・読本ともに多数の使用例を見い出すことができるものであった。この印顆譲渡を機に、壮年期における肉筆画時代の終焉を迎えたといっていいだろう。

多彩な絵本・絵手本

文化一一年に入ると、正月には『北斎漫画』が出版され、翌一二年には二・三編と順調な刊行がつづけられている。この両年の間で特徴ある絵手本としては、一一年の三月ごろに刊行されたとみられる『北斎写真画譜』（一帖、無款、版元不詳）をあげることができる。この帖は、序文をよせている国学者の岸本[illegible]園《やまぶきその》（一七八九〜一八四六。村田春海《はるみ》の門人）が私家版として刊行したとする見解もあるほどの超豪華出版物で、見開きに一図ずつ淡彩摺の絵を収め、全一五図でまとめられている。その各図は大胆で迫力があり、古くから西欧においてもその芸術が高く評価されているものである。内容は風景・人物・動植物などが描かれているが、各図にはなんら脈絡はなく、「画譜」とあることから絵手本として出版されたことは明らかなものの、一見すると鑑賞用の画集といった趣の強いものである。一二年では絵手本ではないが、正月に刊行された『絵本　浄瑠璃絶句《じようるりぜつく》』（一冊、葛飾北斎筆㊞＝雷震、角丸屋甚助版）が、浄瑠璃の各名場面を五六図に収めた本として、北斎にとっては珍しい作品といえる。また、同年夏刊行の『踊独稽古《おどりひとりげいこ》』（一冊、葛飾北斎画編、藤間新三郎補正、鶴屋金助版）も異色の一書で、北斎が画編した踊りの独習書である。内容は、「登り夜舟」「気やぼうすどん」「悪玉おどり」「団十郎の冷水売」の四曲の振付を、現在の動画のように連続した人物の姿態で描いている点が斬新といえる。

文化一三年では、同じ題材を真行草に描き分けることを具体的に図示した『三体画譜《さんていがふ》』（一冊、北斎改葛飾戴斗画印＝ふしのやま、角丸屋甚助版）があり、翌一四年には、いろは四八文字の順で絵柄が引き出せる『画本早引《えほんはやびき》』前編（一冊、葛飾戴斗老人筆、鶴屋金助版。後編は文政二年七月刊）が、特色ある絵手本といえる。なお、この一四年の鶴屋金助と角丸屋甚助の広告には、『戴斗画《たいとが》譜《ふ》』『狂画葛飾《きょうがかつしか》（飾）振《ぶり》』『画本無而七癖《えほんなくてななくせ》』『略画武者鑑《りゃくがむしゃかがみ》』『画本常盤松《えほんときわまつ》』（いずれも未刊）などの予告があり、この年代における絵手本への傾注ぶりもうかがうことができる。

文政時代に入り、元年春には『北斎画鏡《がきょう》』（一冊、葛飾北斎筆、菱屋久兵衛版）、二年四月に『北斎画式《がしき》』（一冊、葛飾戴斗筆印＝よしのやま、和泉屋利兵衛版）などの和漢の故事古典や、宗教・動植物・花卉《かき》・魚・風俗を収めた淡彩摺の大型な絵手本があるが、これらは京都や名古屋の版元によって出版されたもので、後述する第二次の関西旅行で実現した作品と考えられる。このような関西や中京での出版は、私淑者や門人の地域的な拡大という目的では、大きな成果の一つといえるものだろう。

鳥瞰図の発表と蕙斎の批判

ところで、この元年には錦絵で「東海道名所一覧」（葛飾前北斎改戴斗筆印、角丸屋甚助版、図23）を、また、二年正月には「木曾名所一覧」（葛飾前北斎改戴斗筆印＝たい斗、角丸屋甚助版）という鳥瞰図を発表している。双方ともじつに細緻な表現で描写されていて、表題が示すとおり名所はもちろん、宿場の街並みや、細かな人物までをも描き込んだ力作であった。おそらく当時、評判をよんだものと思われ、出版年未定であ

図23　東海道名所一覧

るが江戸湾周辺を描いた「総房海陸勝景奇覧《そうぼうかいりくしょうけいきらん》」（葛飾前北斎戴斗画印、耕書堂・双鶴堂合梓。鳥瞰図では本図が最も早い出版と思われる）や、中国全土を描いた「唐土名所之絵《もろこしめいしょのえ》」（総房旅客　画狂老人卍齢八十一印＝之印、青雲堂版）などの作品も知られている。じつはこうした鳥瞰図は、鍬形蕙斎に「江戸一覧図《えどいちらんず》」（発売時の袋には「江戸名所の絵」とあるという。この図のほかに「日本全図」の鳥瞰図も制作している）の先蹤作品があった。やはりこの方も評判だったようで、斎藤月岑《げっしん》は『武江年表』の文政七年三月二二日の「画人蕙斎卒す」の記載中に、

　名紹真、北尾重政が門人にして、始めは北尾政美といへり。一枚絵草紙のるゐ多く画けり。略画式をあらはして世に行はれ、又京黄華山《おうかざん》が「花洛一覧図《からくいちらんず》」にならひて、江戸一覧の図を工夫し梓に上《のぼ》せ、神田の社へも江戸図の額をさゝげたり。……

と、彼の代表作である『略画式』とならべて、この「江戸一覧図」もあげているほどである。ちなみに記載中の黄華山は、京都の横山華山（一七六三～一八三七）のことで、蕙斎はこの華山の描いた「花洛一覧図」（京都の鳥瞰図）にヒントを得て、「江戸一覧図」を制作したとしている。また、神田の社（神田明神）に捧げた「江戸図」というのは肉筆画の扁額で、大正大震災によって焼失したことが知られているが、このほかにも津山公へ献じた掛幅もあったとされる。現在、確認される肉筆画では唯一、津山藩伝来の「江戸一目屛風《えどいちもくびょうぶ》」（六曲一隻、津山市立郷土資料館蔵）があるのみである。いずれにしても、巷間での好評を得て、蕙斎自身も同様図の肉筆画を津山公

や神田明神に献上しているところをみると、そのできばえにはよほどの自信があったものと考えていいだろう。「江戸一覧図」の出版が文化六、七年ごろとされているので、かりにこれを信ずるとすれば、北斎の「東海道名所一覧」は一〇年をへずして梓行《しこう》されたこととなる。そうした経緯からか、蕙斎は北斎批判をおこなったとされている。その批判は直接蕙斎が記したものではないが、『武江年表』の補注として喜多村筠庭《いんてい》（一七八三?〜一八五六。随筆家）が書き加えた、『武江年表補正略』にみられる。同書「寛政年間記事」の中に、次のように記している。

△北斎は画風癖あれども、其の徒のつはものなり。政美は薙髪《ちはつ》して、狩野の姓を受けて紹真と名乗る。これは彼等が窩崛《かくつ》を出て一風をなす、上手とすべし。語りて云ふ、北斎はとかく人の真似をなす、何でも己が始めたることなしといへり。是れは「略画式」を蕙斎が著はして後、北斎漫画をかき、又紹真が江戸一覧図を工夫せしかば、東海道一覧の図を錦絵にしたりしなどいへるなり。

つまり筠庭は、蕙斎が「北斎はとかく人の真似をして、何でも自分で始めたものはない」といったと記し、彼自身の理解として、『略画式』は『北斎漫画』に、「江戸一覧図」は「東海道名所一覧」に真似られたとしているのである。すくなくとも筆者には、この蕙斎の発言が本当だったとは考えがたい。なぜなら、『略画式』にみせる軽妙な略画の様式自体は、蕙斎自身のものであることは否定できないが、こうした絵手本は上方における画譜の影響を受けて出版されたものであるし、「江戸一覧図」ですら、京都の横山華山の先蹤《せんしょう》作品にヒントを得ての制作とされているからである。さらに、政美時代の浮絵をはじめとする錦絵類や黄表紙などの挿絵にいたるまで、他の絵師からの芸術的発想の受容なくしては、浮世絵師としての仕事は成立しないことを、彼自身が最も熟知した立場に身をおいていたからにほかならない。つまり、浮世絵は粉本主義とは大きく異なり、刺激し受容し合いながら新たな作品を創出する切磋琢磨の世界なのである。であるからこそ、つねに市井の中に浸透し、広い支持を得て、版元という資本が商活動を展開できたのであった。その基本的な浮世絵界の構造を、蕙斎が知らぬわけはないのである。かりに、人真似をしたという蕙斎の発言が真実であったとしたら、それは何あろう北斎に対する負け惜しみとしか受けとりようがない。筆者は、その点が信じがたいのであり、蕙斎の卓越した業績からは信じられないというのが本音である。であれば、この批判は絵師の立場からでたものでなく、筠庭その人の見解と考えるべきではないだろうか。実際、この「寛政年間記事」の北斎批判の後に、切《きり》組灯籠絵《くみとうろうえ》について「……寛政享和頃蕙斎政美多く画き、又北斎も続いて画けり……」と記し、唐突に、「筠庭云ふ、浮世絵なども北斎は蕙斎の二の舞なり」と付け加えている。この執拗さをみても、筠庭の北斎に対する偏見から生じた独断とみておきたい。

絵手本時代後半の諸作品

やや、話がこの項の主旨から逸脱したので、文政二年以降の作品傾向について、筆をすすめることにしたい。文政三年、北斎はそれまでの戴斗《たいと》の号を廃して為《い》一《いつ》と号しはじめた。このころから五年ごろにかけて絵手本は減少し、かわって摺物に優れた作品を多数のこしている。とくにこの年代の摺物は中判（色紙判ともよばれ、いくらか縦長ではあるがほぼ色紙大の正方形のサイズ）で、金色や銀色を用いた豪華な摺刷《しゅうさつ》がほどこされたものであった。また数十図におよぶ連作も知られ、三〇歳代後半から四〇歳代初頭ごろの摺物に傾注した年代につぐ質の高さと、ゆうに一〇〇図を超える量の多さをみせている。たとえば、四年正月の四方側春興《しゅんきょう》摺物「元禄歌仙貝合《げんろくかせんかいあわせ》」は、三十六歌仙貝合せの趣向で出版されたもので、全三六枚の多さをみせ、文化元年の「春興五十三駄之内」の五九枚や、翌二年ごろの「狂歌師像集」全一〇〇枚揃と考えられるシリーズにつぐものである。また、五年正月の四方側春興摺物「馬尽《うまづくし》」は、この年が午年《うまどし》であることにちなんで出版されたもので、全三〇枚といわれる。そのいずれの作品も、用紙、摺刷ともに贅を尽くしたもので、北斎も入念な描写に終始している。

文政六年に入ると、二種の絵手本が知られる。一つは『一筆画譜《いっぴつがふ》』（一冊、武蔵北斎載（ママ）斗先生嗣意、永楽屋東四郎版）で、一筆画を集成した淡彩摺の作品である。この本は、名古屋の福善斎（一七四二～八六。画名は丹羽嘉言《にわかげん》と号した）の遺稿に北斎が工夫をくわえ、図を追加して出版されたものであった。もう一方は五月に出版された『今様櫛𥶡雛形《いまようせっきんひながた》』（三冊、前北斎為一先生画図、西村屋与八版）である。この絵手本は、櫛と煙管《きせる》の職人たちのために出版したもので、上中の二冊が櫛の図案と解説からなり二五〇図が収められていて、下冊は煙管の図案一六〇図からなる。いずれも当時、職人たちが実際に切り取って使用したらしく、絵手本としては遺存数の少ない稀覯《きこう》に属するものとされている。

文政七年は、摺物や狂歌絵本などの狂歌関係の作品に混じって、正月に一般子弟の教訓書というべき『最明寺《さいみょうじ》殿《どの》教訓《きょうくん》仮《か》名《な》式目《しきもく》』（一冊、前北斎為一印＝よしのやま、北辰堂版）が出版されている。以降、往来物をはじめとした教習本に多くの多彩な挿絵をよせており、北斎の業績としてはあまりふれられることはないが、当時、一般庶民への教養修得に果たした役割は小さくないのである。絵手本では、三月に刊行されたとされる『新形《しんがた》小《こ》紋《もん》帳《ちょう》』（一冊、前ほくさゐ為一筆、大坂屋秀八版）がある。この絵手本は、染色家たちのための図案集で、後編に縫箔《ぬいはく》の図案集の刊行も予定していたが、未刊に終わっている。

文政八年から一二年にかけては、どうした理由からか、極端に作品は減少をみせている。その要因と思われる事柄は次項でふれることとして、いくつかのおもだった特色ある作品だけでもあげてみることにしたい。八年では、料理本『江戸流行　料理《りょうり》通《つう》』二編（一冊、八百屋善四郎著、北斎改為一筆印、和泉屋吉兵衛版）に挿絵をよせている。この方面での挿絵はすくなく、同書四編（天保六年二月）と、八九歳の挿絵になる『即席《そくせき》素人《しろうと》庖丁《ぼうちょう》』（一冊、四季山人著、八十九歳卍筆、刊行年未定）が知られる程度である。九年一一月には、柳亭種彦《りゅうていたねひこ》の随筆考証本『還魂紙料《かんごんしりょう》』（二冊、西村屋与八版）に挿絵をよせ、多くの古画の模写をおこなっている。一〇年は、この時期としてはきわめて珍しく、作画時の知られる肉筆画がある。それは紙本淡彩の「歌占図《うたうらず》」（紙本一幅、文政十丁亥年正月二日筆始、北斎為一敬画印、大英博物館蔵）で、該期肉筆画の様式的特徴をうかがううえから、基準作の一つとみなせるものである。翌一一年に入ると、本格的な往来物の『絵《え》本庭《ほんてい》訓往来《きんおうらい》』初編（前北斎為一写印、西村屋与八版）が秋に刊行されている（二、三編は永楽屋東四郎の出版となり、ともに刊行年は不詳）。この年代最後の一二年では、文化四年正月の『新編水滸画伝』初編後帙《ちつ》以来、約一二年ぶりに二編前帙（五冊、北斎戴斗老人画、英屋平吉版）が高井蘭山作で復活出版されている。それを記念してか、同じ正月に水滸伝の登場人物一〇八人を収載した『忠《ちゅう》義水滸伝画本《ぎすいこでんえほん》』（二冊、葛飾前北斎為一老人印、英屋平吉版）も刊行されており、後の武者絵を題材とした絵本類の、最も早い作例として位置づけられるものである。

関西旅行と川柳への傾倒

第二次関西旅行

読本《よみほん》挿絵の仕事が一段落した文化九年（一八一二）秋ごろに、北斎は名古屋の牧墨僊《まきぼくせん》宅（南鍛冶屋町下新道北西角）に逗留して、『北斎漫画』の版下絵を制作したことはすでにふれたところである。この滞在は年末ごろには終えたようで、翌一〇年二月六日には江戸から墨僊に新春の挨拶状を送っているのでそれと知られる。長期の旅行で何か期するところがあったのか四月二五日には、長年愛用した「亀毛蛇足《きもうだそく》」の印顆《いんか》を門人に譲っている。

この後、文化一三年ごろまでは転居地が明らかなくらいで、ほとんど動静をうかがわせる資料は見当たらない。しかし一四年に入ると、ふたたび関西旅行を試み、やはり名古屋への滞在もおこなっている。その旅行は、一三年の末ごろから決行された可能性もあるが、現在のところそれをうかがわせる資料も皆無である。ただ急な旅立ちであったようで、同年刊行の『画本早引《えほんはやびき》』前編に収められた舌代《ぜつだい》には、「当年先生この一編を著され候ところ急に旅行の催有之《これあり》候故全冊満尾いたし不申候《もうさず》……」とあり、やはり仕事の約束によるものだった可能性が強い。このうち関西旅行の実態については明らかとなっていないが、ただ大坂阿波座花屋橋近辺（現在の上本町四丁目）にあった妻鹿漢方店《めがかんぽうてん》という薬問屋には、北斎の描いた「美人図」と「赤人図」の看板があったというし、北洲をはじめとする門人の存在も知られているので、そう短い滞在ではなかったと考えられる。

名古屋滞在の様子

一方、名古屋での滞在については、いくつかの資料からある程度の様子をうかがうことができる。とくに生活ぶりは、直接北斎と接触のあった永楽屋佐助（本名を中川佐助といい、明治には永楽屋東明堂《とうめいどう》という書肆を名古屋末広町二丁目で営んだ）の思い出話を記録した武田酔霞《すいが》の「葛飾北斎尾張名古屋の生活」（『浮世絵』一〇号、大正五年、浮世絵社）があり、平素の様子を生々しく伝えていて貴重であるので、やや長文になるが抄録しておきたい。

……又北斎の名古屋へ行しは、文化年間の頃とか、此地《このち》に臻《いた》（至）りし節は、鍛冶屋町《かじやちょう》、牧墨僊の家に行て草鞋《わらじ》の紐を解たるとぞ、其後の事でもありましたか、同所花屋町《どうしょはなやちょう》に住居せしといふ、此事《このこと》は北斎伝にはなし、私がまだ青年の頃、弊屋《うち》へ出入せし、末広町《すへひろまち》の書肆永楽屋《ほんやえいらくや》佐助《さすけ》といふは、彼《かの》北斎漫画同画譜等の出版元、永楽屋東四郎方《とうしろうかた》の、子僧上《こぞうあが》りの別家《べっけ》にて、此《この》佐助の常の咄《はな》しに、わたくしの未だ子僧の時分に、北斎さんの花屋町（○花屋町は本町通り、元大久保見町と末広町の境界の町にて、至て幅狭き町なり〈原文は割書〉）住吉町《すみよしちようよ》寄りの南側中程、元は誰かの隠居所にてもありましたか、奥の間が六畳敷、次が四畳半、上り口が二畳、表の壁が円窓《まるまど》でありましたが、私が知人《しりあい》が少しの間住居せし故、度々此家へ行たればよく存じて居ましたが、小闇《こぐら》く日当りのよくない、いかにも陰気な家でありましたが、佐助のいふには、調度此節は漫画其他画本類の出来る時分で、版下《はんした》の画や、又下画直しを取に行たり持て行たりお使《つかい》にゆきて、北斎さんとは近付にてよく知て居ましたが、奥の六畳に寝所は不断敷《ふだんしき》ばなしで、其儘《そのまま》終に夜具蒲団《ふとん》はたゝみたることなく、土鍋で飯は煮《たき》（ママ）捨《す》て、茶碗皿小鉢はつひに洗ひたることなく、衣類とても、垢染《あかじみ》たる、ぼろ〲したるものを着て、男世帯《じよたい》の独居《ひとりもの》ではありますが、私は子供心にも、いかにも穢《きたな》ひ家きたなひ先生と思ひました、……又ある時に私が、先生はいつごろ江戸へお帰りですかと尋ねましたれば、己《おれ》はもふ江戸へは帰らぬよ、此名古屋は洵《まこと》によひ所で、己の身体《からだ》には時候も飲食物《いいもの》もよくかなつて居るから、名古屋は死場所《しにばしよ》などゝいはれましたれば、私もなんとなく心嬉しく思ひましたが、其内俄《そのうちにわか》に伊勢とか京大阪へ、旅立たれたと跡で聞まして、大きに落胆いたしましたと、佐助がいひました咄を、私は覚えて居りました故に、今茲《ここ》に記しておきます、……

このように名古屋では花屋町の仮宅（中区栄町三丁目）で、版元の注文に応じて江戸の生活とさほど変わらぬ作画三昧の日々を送っていたようである。ところが、一〇月五日に西掛所《にしかけじょ》（本願寺名古屋別院。中区門前町七丁目）境内の集会場前の広場で、江戸の護国寺のときと同じく、一二〇畳大の大達磨半身像を揮毫《きごう》している。そのパフォーマンス決行までの経緯と作画の状況については、同地の高力猿猴庵《こうりきえんこうあん》（一七五六〜一八三一）が克明に記録しており、また門人の小田切春江《しゅんこう》（一八一〇〜八八）も猿猴庵のそれをもとに、当時の様子を綴っている。さらに虚心も、直接名古屋を訪れて調査をし報告しているので、これらの記録とその他の資料から、簡単に大達磨揮毫の顚末をたどってみよう。

文化一四年の春に名古屋に来た北斎は、版元の依頼で数ヵ月にわたり昼夜を分かたず版下絵を制作した。その様子をみたある人が、「長いこと、小さく細かな絵ばかりを制作しているので、さぞ普通の掛軸などは描きにくいことだろう」と戯れに語った。これを北斎が伝え聞いて「誠にその通りである。腕のばしに大画を描いて、多くの人たちに観てもらおうかと思う」と周囲の人に語った。北斎の発言を聞いた数人の者がこれは面白いと計画をたて、実行していった。こうして永楽屋の菩提寺・理想寺で、合羽《かっぱ》を造る職人に命じて厚紙一八八〇枚を貼り合わせ、長さ一〇間、横六間の料紙《りょうし》を完成させた。九月から一〇月初旬ごろ、永楽屋から大達磨揮毫の予告が一二文で売り出された（名古屋市博物館に実物が遺存している）。一〇月五日、西掛所境内集会場前の広場には、料紙の周囲に席が設けられ、杉丸太で垣が造られた。まず料紙は半分広げられ、北斎と手伝いの門人が襷《たすき》がけで作画をはじめたが、用いられた筆は、米俵五個分の藁《わら》で作られた大筆と中小筆に、棕櫚《しゅろ》などで作った筆もあった。その大達磨を描く様子を見物する群衆は、まるで山のようであった。やっと頭の部分の半分を描いて、左右六間を隔てて建て置いてあった二本の杉柱に滑車で引き上げ、長暖簾《ながのれん》のようにして下の方は地に敷いたままで描き終えたが、画面は、代赭《たいしゃ》、丹《たん》、朱などで塗られた。翌六日も掛けて、ふたたび一般の観覧に供した。

以上、猿猴庵ほかの記録により伝えられた話を、簡単にまとめてみた。この一大イベントは大成功に終わったらしく、翌年の絵暦《えごよみ》に大達磨を題材としたものがあり、また人口に膾炙され、いくつかの記録にも書きとめられたのであった。おそらくこの企画を中心となって推進し、経費をも出したのは永楽屋と思われるが、刊行中であった『北斎漫画』の宣伝には大きな効果があったものと思われる。

家庭の不幸と川柳

文政に入り、一、二年の動静は伝えられるものは少ないが、三年の二月には浅草奥山で興行された麦藁《むぎわら》細工の下絵を描いており、『武江年表』は、「△麦藁細工（同書へ出、七丈余りの青竜刀、十二支の額、其外北斎の下絵にて見事なり。大森の職人これをつくる）」と記している。

四年には、一〇月一三日に北斎の娘が没していることが菩提寺の浅草誓教寺過去帳にみえ、翌五年には長女と婿で門人でもあった柳川重信とが離縁するという。

その翌六年ごろから、娘の栄とともに川柳の『誹風柳多留《はいふうやなぎだる》』（一七六五年から一八四〇年にかけて出版された川柳句集で、一六七編一一万三〇〇〇句が収録されている）に投句し、また句選（評）もおこなうなど、本格的な活動を開始している。橋本秀信氏（『北斎研究』二五号、平成一〇年九月）によれば、北斎の表徳《ひょうとく》（川柳号）は、卍《まんじ》（画号としては天保五年から使用）、万字、百姓（百性）などがあり、文政六年から弘化三年（一八四六）におよんでいるとされる。現在、『誹風柳多留』以外の句集をも含めると、北斎の川柳は重複分をのぞいて二二五句を数えることができるという。ちなみに栄も評をおこなうほどの力量をもっており、文政七年から発表した句数は七四あるといわれる。では、なぜ北斎や娘の栄はこの時期に川柳をはじめたのだろうか。この問題については、現今まであまりふれられることはなかったが、清㞙《きよくそ》（川柳作家）の慫慂《しょうよう》によるとするのが有力であった。しかし橋本氏は、木卯《もくぼう》を号した柳亭種彦の誘いによるものではなかったかとされており、筆者もこの年代における北斎との交流の深さをみれば、首肯される妥当な見解と考えている。そうした両者の関係を明らかにするためにも、種彦の川柳・狂句の研究が、一刻も早く進展することを望みたい。

文政六年以降、川柳の句会への出席以外ほとんど動静をうかがわせる資料は見当たらないが、九年四月一〇日には北斎自身が画会を催しているようで、曲亭馬琴の日記の四月八日には、「昼後、画工北斎来る。明後日画会致候……」とある。この翌一〇年か一一年ごろには、中風を患ったようだが、自ら柚子《ゆず》で薬を作り回復したと虚心は伝えている。また同じ一一年には、六月五日に妻が没していることが菩提寺の誓教寺過去帳によって知られる。

このほかにも、孫（柳川重信の子）がたびたび悪事をおこない、その始末をして回っていたとも伝えられ、絵手本時代前半の文化年代はまだしも、文政年間は北斎にとってあまりよい時代でなかったことだけは事実であろう。

錦絵の時代

「冨嶽三十六景」

錦絵中心の作画活動

現在、研究者間では天保元年(一八三〇)から四年までの約四年間を、北斎の錦絵の時代とみなすのが一般的である。だが元年は、年のおしつまった一二月一〇日に改元されているので、正確には文政一三年も含めて考えるべきであろう。いずれにしても、北斎の年代区分の中では最も短い期間ではあった。しかし、本書冒頭でもふれたように、「冨嶽三十六景」をはじめとする風景版画や、その他多くの錦絵作品が、このわずか四年のうちに陸続と出版されたといわれているのである。はたしてそのとおりであったのかは後に考えることにしても、巷間でイメージされる北斎像、——つまり「風景版画家北斎」が、この数年間の錦絵作品によって自然と形作られたのには、今さらながら驚きを禁じえない。それだけに、この時期の錦絵作品が北斎芸術をいかに凝縮したものであったかをうかがい知ることができ、当時もまた現在においても、その魅力は色褪《あ》せることなく光彩を放ちつづけているのだといっていいだろう。

こうした錦絵への活発な制作活動からか、他の分野の作品はきわめて少ないのが、この年代の特徴の一つともいえる。また動静面でも、作品の華やかさとは異なって受難の時代といえ、錦絵以外の減少も、そのような理由が原因してのことと考えられる。

主な錦絵の分類

ではこの年代の錦絵には、どのような題材の作品があるのだろうか。わずか数年とはいえ意外と多彩なので、題材別におもだった作品を分類してみると、およそつぎのようになるだろう。

(1)風景画　「冨嶽三十六景」や「諸国滝廻り」などの作品。

(2)名所絵　江戸および地方の名所を描いたもので、小判の「江戸八景」八枚揃や、同じく小判の「勝景雪月花」九枚揃などがある。特殊な作品としては、天保三年ごろの刊行とされる「琉球八景」八枚揃も、この分野に含まれるものである。

(3)鳥瞰図　実在の場所を描いたものではないが、この年代に唯一「百橋一覧図」がある。

(4)古典画　和漢の故事古典を題材とした作品で、「詩歌写真鏡」全一〇枚などがある。

(5)花鳥画　大判一〇枚のものや中判一〇枚がある。ともにこの年代を代表する佳作とされている。また団扇絵《うちわえ》にも優れた花鳥画がある。

(6)武者絵　二人の武者を組み合わせた大判五枚の作品がある。
(7)化物絵　天保五年の出版という説もあるが、「百物語」五枚があげられる。
(8)雑　画　とくに中判作品で、天保二年ごろに出版されたとみられる連作がある。内容は、市井風俗・山水・花鳥・魚貝などからなる。
(9)戯　画　鳥羽絵《とばえ》（戯画）風な、中判の人物画の連作がある。
(10)玩具絵《おもちゃえ》　天保二年春の刊行といわれる双六「鎌倉　江の嶋　大山　新板往来双六《しんぱんおうらいすごろく》」などがある。

ほかにもあげるべき分野の作品もあると思われるが、おもだったものは以上のとおりである。これらのうち風景画と花鳥画は、この年代の北斎を代表する分野として後にふれるつもりでいるが、全体を見渡してみると、通常の浮世絵師が手がけている美人図や役者絵がないことに気づかれるだろう。役者絵については、春朗時代以降、わずかな特殊例をのぞいてほとんど描かれることはなく、また美人図も、戴斗《たいと》を号した文政二年ごろまでの肉筆画には遺存例が知られるものの、為一となってからは作例はほんのわずかである。また、摺物や版本挿絵の中には美人図とみなせるものも多くあるが、錦絵では壮年期から見い出すことができないのも、北斎の場合の大きな特徴ということができるだろう。

なお風景画という分類は、江戸時代には存在していなかったと思われるが、すくなくとも「冨嶽三十六景」をはじめとするいくつかの揃物については、名所絵とは区分すべき制作上の性格をもっていると筆者は考えている。その理由をつぎに述べてみたい。

「冨嶽三十六景」の出版

おそらく先進国の中で、たとえ北斎の名を知らなくとも、あの赤い富士山の「凱風快晴《がいふうかいせい》」(口絵)や、巨大な浪の「神奈川沖浪裏」(図24)を観たことのない者はまずいないだろう。それほど遍く知られているはずのこの「冨嶽三十六景」については、不思議なことにいまだ結論をみない多くの問題が残されている。たとえば出版年、出版経緯、出版順序、三六枚目から追加出版された一〇図の版行年、全図にわたる特色あるいは性格といった面などについてである。

従来、このシリーズの刊行年については、文政六年(一八二三)ごろとするのが大方の一致した見解であった。それに対し鈴木重三氏は、詳細な調査によって、それまでより約八年近く遅れる天保二年(一八三一)ごろの出版と結論づけられた(『人間北斎』昭和三八年、緑園書房)。氏の完璧なまでの精査により、現今では天保二年ごろの出版という見解が定着しつつある。

根拠とされるのは、文政中期ごろからこの天保にいたる版元西村屋与八の出版広告を順次調査の結果、最も早く「冨嶽三十六景」が見い出されるのが、柳亭種彦《りゅうていたねひこ》作の合巻《ごうかん》『正本製《しょうほんじたて》』(天保二年)中にあることであった。その内容は、「冨(冨)嶽三十六景　前北斎為一《いいつ》翁画　藍摺一枚一枚ニ一景ツ、追々出版　此絵は富士のかたちのその所によりて異なる事を示す　或は七里ヶ浜にて見るかたち又は佃島より眺る景など総て一やうならざるを著し山水を習ふ者に便す　此ごとく追々彫刻すれば猶《なお》百にもあまるべし　三十六景に限るにあらず」とあり、この翌年にも同文の広告を見い出すことができるとされる。また天保四、五年にも売り出し広告があるので、出版時は二年ごろと考えられたのであった。さらに当時の随筆『真佐喜《まさき》のかつら』（青葱堂《せいそうどう》冬圃《とうほ》著、写本一〇巻）に、この「冨嶽三十六景」にも使用されているベロリン藍が、はじめて浮世絵に用いられたのは文政一二年である旨の記述が、「唐藍は蘭名をヘロリンといふ。此絵の具、摺物に用ひはじめしは文政十二年よりなり」とあり、当時、その発色の美しさから一大流行をみたために、「地本問屋にては馬喰町永寿堂西村与八方にて前北斎のゑがきたる富（冨）士三十六景をヘロリン摺になし出版す」とも記されている。この記述によって、鈴木氏の刊行年推定は、いっそう強く裏付けられる結果となった。

筆者も、天保二年ごろに出版がおこなわれていたとすることには賛意を表するものであるが、しかし、いまだいくつかの問題は残されていると考えている。たとえば、天保二年ごろに何図が出版されていたのかが明らかになっていないこともその一つである。西村の広告からは、揃中で藍摺《あいずり》の「武陽佃島」や、「相州七里浜」などが出版されていたことは判明したが、他の藍摺でなく描き込みや雰囲気が異なる図も、果たして同年のものといえるのだろうか。また広告には、「藍摺一枚　一枚ニ一景ツ、追々出版」とあり、さらに、「此ごとく追々彫刻すれば猶百にもあま

図24　冨嶽三十六景 神奈川沖浪裏

るべし」とあることをみれば、刊行も後半時の内容とは思えず、追加の一〇図（この一〇図は俗に「裏富士」とよばれる）が出版計画される以前と考えられるのである。とすれば、「追々出版」という状況から、はたして天保四年までに完結できたのであろうか。広告からはこうした問題が浮かび上がってくるが、一方の『真佐喜のかつら』の記述についても問題がないわけではない。その最も重要なのは、ベロリン藍が木版に用いられたのが文政一二年からとしている点である。最近の浮世絵研究では、これ以前の使用と思われる作品も存在しているようであるし、北斎自身の作品でも文政一二年以前とも思われる作品があるといわれるからである。ただしこれらの作品については、結論づけるにはまだ研究の余地があり、後考に俟ちたい。

　このように考えてみると、出版順序はともかく、最も重要な内容構成（各作品の順序）も、明らかとはなっていないのである。というのは、広告文にみられるように好評な場合、一〇〇図にもあまる追加出版の予定があったのであれば、三六図あるいは四六図ですべての構想が完結しているとはいえないからで、当然、最終図や初図という順序も決められていなかった可能性は十分に想像されるであろう。かりにそれでも、研究や鑑賞のうえからいちおうの順序を決めなくてはならないとすれば、次項でふれる『富《ふ》嶽《がく》百景《ひゃっけい》』との比較によって、だいたいの配列を試みることが望ましいと考えられる。またそうした作業をおこなう過程で、自然とこの連作の特徴が明らかとなってくるのではないだろうか。

たとえば、このシリーズが出版される大きな要因として、当時流行した富士信仰があるとされることもそうである。もちろん、こうした信仰が要因の一つであったことは否定できないが、だからといって全図を通覧した場合、その人気のみに乗じて出版されたとみるのは、客観的にいって困難であろう。実際、四六図中に富士信仰と直接関係の指摘できる図は「諸人登山」くらいで、他には大山詣らしい人物が描かれている「相州仲原」があげられる程度である。そうした富士信仰とのかかわりをあえて指摘するとすれば、「木花開耶姫命《このはなさくやひめのみこと》」の図ではじまる『富嶽百景』の方がより色濃いと思われるのだが、いかがであろうか。

では、「冨嶽三十六景」やこの年代に手がけたいく種かの風景版画を、北斎はどのような意図をもって発表したのだろうか。

「冨嶽三十六景」と風景版画

やや話がそれるきらいがあるが、古くから浮世絵愛好者の世界では、歌川広《ひろ》重《しげ》（一七九七〜一八五八）の保永堂版「東海道五拾三次《ごじゅうさんつぎ》」（全五五枚）と、北斎の「冨嶽三十六景」との構図や様式などを比較して、その優劣を評することがしばしばおこなわれてきた。しかし筆者は、この双方のシリーズはすでに企画の時点でまったく異なる構想によって制作され、発表されたものであると考えているので、同じ土俵の上での批評は妥当でないとみなしている。たとえば広重の代表作品とされる「東海道五拾三次」をはじめ、「木曾海道《きそかいどう》六拾九次」（全七一枚、広重は四七図を描き、残る二四図は渓斎英泉《けいさいえいせん》が描く）や、「名所江戸百景」（全一一八枚）など大半の作品は、描かれた場所（宿駅や名所）が明らかであり、その主題は描かれた土地ごとの異なる景観や季節、風物、あるいは風俗といった、純然たる名所絵として出版されたことは明らかである。これに対して「冨嶽三十六景」は、「凱風快晴」や「山下白雨《さんかはくう》」などは描かれた場所が明らかでなく、また「神奈川沖浪裏」も名所どころか海上からの景観描写なのである。このように、シリーズ中の三役とよばれる代表図だけでも、名所絵のような目的で制作され、販売されたものでないことは自明である。してみると、北斎の意図は奈辺にあったのだろうか。それは前掲の広告文に、「此絵は富士のかたちのその所によりて異なる事を示す　或は七里ヶ浜にて見るかたち又は佃島より眺る景など総て一やうならざるを著し山水を習ふ者に便す」とあることによって、だいたいの主旨がうかがえるのである。またさらに、富士という対象物を気象・季節・視点などさまざまな条件下でとらえ、そのつどの異なる山容の表情に最大の興味が注がれてもいる。こうした発想は、北斎には以前からあったようで、たとえば文政六年に同じ西村屋与八によって出版された絵手本『今様櫛𥶡雛形』の収載図には、「夏のふじ」「裏ふじ」「冬のふじ」「夜明けのふじ」「見越しのふじ」「快晴のふじ」など、やはり気象や季節あるいは視点の違いによる富士の変化を描き分けているのである。同書の広告中にも、別に「冨嶽八体」という作品の出版予告ものせられていることから、すでに文政六年ごろには、特定の題材をさまざまな角度からとらえて描こうとする発想と、制作への意欲をもっていたことが知られる。

図25　千絵の海 甲州火振

図26　諸国滝廻り　和州吉野義経馬洗滝

以上のような同じ対象物を観察し、その諸相をとらえようとする試みは、ちょうど出版を同じくした「千絵《ちえ》の海」（水の変化とさまざまな魚撈、図25）、「諸国滝廻《しょこくたきめぐ》り」（落下する水の変化、図26）、「諸国名橋奇覧《しょこくめいきょうきらん》」（橋梁のバリエーション）などに共通していえることなのである。この年代における北斎の「風景版画」とよばれる作品群は、このように広重の目指した名所絵とは出発点からして発想が異なるものであり、双方を同様な位置において比較すること自体に無理があるといっていい。

繰り返すようだが、北斎の風景版画は、対象物がもつ本質をあらゆる角度からとらえようとする意図によって制作されたもので、この点に名所絵とは大きな相違があるのである。

多彩な錦絵と困窮の日々

この年代は、たとえ長くみても四年というわずかな期間であり、大半の作品が確定的な出版年の出されていないことなどから、変則的ではあるがおもな錦絵を瞥見《べっけん》して、その後に他の分野の作品にも目を移してみることにしたい。

主な錦絵作品

まず該期を代表するのは、前にもふれた風景版画である。その中でも「冨嶽三十六景」の知名度は群を抜いているので、やや前項と重複するがこのシリーズの概要から筆をすすめてみる。

出版年については前述のとおり、天保二年ごろとするのが大勢を占めている。ただし、この年に刊行されていたことは事実であるが、最近では「二年に出版」と言い切る専門書や事典の類があることはいかがなものであろうか。全枚数については、当初表題のように三六枚での完結が予定されていたと考えられるが、天保二年の広告には「百にもあまるべし」としているので、中途の段階で三六枚以上、総数未定という時期のあったことは確かであろう。しかし結果として一〇図が追加され、四六枚での完結となっている。この間、作品によっては画中に版元印のないものもあることから、西村屋与八だけでの単独出版であったかは明らかでなく、後に版木自体も他へ譲渡された形跡がある。作品傾向については、全体に市井風俗と富士とを描いたもので占められるが、三役のうちの「凱風快晴」や「山下白雨《さんかはくう》」は、山容のみをとらえたものとなっている。

これにつづく「諸国名橋奇覧」は全一一枚からなる揃物で、同じ西村屋与八の出版である。全図を通覧すると、たんに有名な橋梁を撰んでまとめたものではなく、構造や奇抜さに注目していることがうかがわれる。たとえば「飛越《ひえつ》の堺つりはし」では、山峡の鄙びた景観の中に当時はどこにでもみられたであろう吊り橋が主題として描かれている。「かうつけ佐野ふなはしの古づ」や「三河の八つ橋の古図」になると、実在しない言い伝えの橋である。これらの内容だけからみても、このシリーズもたんなる名所絵とは異なった主旨によって出版されたことがうかがえるのである。

「諸国滝廻り」（全八枚、西村屋与八版）では、表題のように諸国の滝を題材としながら、やはり名瀑だけではなく、あまり名の聞かぬ場所も含まれている。このシリーズでは、とらえがたい水という対象が、落下する条件によってどのような変化をみせるかに注目しているとみられる。というのはシリーズ中、同一の水の表現が一つもないことでも、それとうなずけるものである。

なお出版年は、天保四年の西村屋の広告に見い出せるので、ほぼこのころとみて大過ないだろう。森屋治兵衛《じへえ》から出版された「千絵《ちえ》の海」一〇枚は、北斎風景版画の中では中判（「冨嶽三十六景」など大錦判の半分のサイズ）とサイズが小さいことからかあまり注目されてこなかったが、佳作の多い点では古くから評価の高いものである。このシリーズでは、水の変化とさまざまな魚撈の面白さに主眼がおかれている。なお表題に「千絵」とあることから、おそらく企画時には相当数を出版する予定であったものと思われる。

これら風景画に対して名所絵では、小判九枚揃の「勝景雪月花」が、東都（江戸）、山城、摂津の名所を、雪景、開花の景、月夜の景でそれぞれ三組に描き分けたもので、小品ながら濃彩な画面をみせて異色の揃物といえるものである。また特殊な出版事情をもつ、大錦判の「琉球八景」も名所絵にふくめるべき揃物と考えられる。このシリーズは、天保三年（一八三二）一一月に琉球使節の江戸参府に当て込んで出版されたとみられるもので、前年に官板で模刻された地誌『琉球国志略《こくしりやく》』の挿図をもとに北斎がアレンジして制作したものであった。

以上のような風景画や名所絵などのほかに、この時代には花鳥版画や団扇絵にも優れた作品が少なくない。

たとえば西村屋与八から出版された、大錦判一〇枚からなる花鳥画のシリーズは、たんに浮世絵という狭い分野だけでなく、近世絵画の中で欠くことのできない佳作揃いであるといって過褒《かほう》でない。なかでも、「百合」や「芙蓉《ふよう》に雀」「檜扇花《ひおうぎ》」などの葉の表現では、まるで一気に墨で塗り潰したかのような大胆さをみせている。かと思うと、「牡丹《ぼたん》に蝶《ちょう》」では全体に細やかな表現が用いられ、ゆらぐ牡丹や蝶からは心地よい一陣の快風すら看取させる。さらに「芥子《けし》図」（口絵）は白眉で、青空の下に強い風を受ける芥子のみが、さわやかにモダンな色調と構図でとらえられている。その表現方法は、文化一〇年に刊行された鍬形蕙斎《くわがたけいさい》の『草花略画式』に収載される「けし」からヒントを得ていると思われるが、受容し咀嚼して昇華させる北斎芸術の一端を、この画面は十分に物語っているといえる。このほか、中判全一〇枚からなる西村屋与八版の花鳥画も、明清画の影響を受けているとされるもので、鮮やかな色調に特色のあるものである。

団扇絵については、発売当初から実際に骨のかたちに切り抜いて団扇として使用したため、北斎作品にかぎらず全般的に遺存するものはきわめて少ない。版行年の明らかな作品としては、天保二年の「鯉魚図《りぎょ》」（北斎改為一筆㊞）と「水辺の二羽の鴨」（北斎改為一筆㊞）、四年の「狆《ちん》」（前北斎為一筆）などがある。これらはいずれも、近代的な感覚をもつ優れた花鳥動植物画として、六〇歳から七〇歳代前半を飾る貴重な作品といえ、また稀少な作品でもある。

その他の作品

ではこの他の作品についても、年次順に瞥見しておきたい。まず天保元年（一八三〇）では、明らかにこの年のものと断定される作品はほとんど見当たらない。あえてあげるとすれば、三月に「汐汲《しおくみ》」（北斎改為一筆）を描いた摺物がある程度である。

二年には春に、「鎌倉　江の嶋　大山　新板《しんぱん》往来双六《おうらいすごろく》」（前北斎為一図、鶴屋喜右衛門・西村屋与八合彫）があり、この方面の名所や市井風俗を細かに描いた作品として、また北斎には珍しい双六としても興味深いものである。おそらく好評だったとみえて、天保五年正月の鶴屋の広告（柳亭種彦《りゅうていたねひこ》作『修紫《にせむらさき》田舎源氏《いなかげんじ》』巻末広告）には、「前北斎為一翁画　江の島大山往来双六　柳亭撰先年より売りひろめ多く売出し候間此度色板を彫あらためて別て紙摺り等精密に相製申候」と、色板の彫り直しや上等な紙質への変更などが告げられている。他には前にあげた団扇絵の「鯉魚図」「水辺の二羽の鴨」がこの年の作品であり、中判の藍摺《あいずり》（藍色を基調に摺刷された錦絵）作品が九図まで確認されている。これらは、山水・故事・魚貝・花鳥などテーマは統一されていないが、すべて森屋治兵衛から出版されているので、同じ組物であったと考えられるものである。版本については、狂歌絵本の『女一代栄華集《おんないちだいえいがしゅう》』（一冊、秋長堂老師・春秋庵婦人両撰、応需七十二翁前北斎為一筆）が、華麗な彩色摺で女性風俗を描いている。

三、四年になると、柳亭種彦の依頼で合巻の表紙を歌川派の絵師とともに合筆した作品がある。三年では、春に刊行された『花吹雪《はなふぶき》縁《えんの》柵《しがらみ》』（四冊、相州磯辺作、柳亭応需白口魚写前北斎為一印、鶴屋喜右衛門版）の表紙に歌川国芳《くによし》（一七九七〜一八六一）と合筆して鮎を描き、翌四年正月刊行の『出世《しゅっせ》奴《やっこ》小万《こまん》之《の》伝《でん》』（二冊、柳亭種彦作、柳亭応需雪景写前北斎為一印＝之印、鶴屋喜右衛門版）には、歌川国直《くになお》（一七九五〜一八五四）との合筆で雪景を描いている。錦絵では三年版行といわれる「琉球八景」八枚があり、四年には団扇絵の「狆」がある。版本では、四年正月に『唐詩選』の略解書である『唐詩選画本《とうしせんえほん》　五言律』（五冊、高井蘭山作、前北斎為一画、嵩山房版）や、同年秋に読本の『新編水滸画伝』二編後帙（五冊、高井蘭山作、前北斎為一老人画、英屋平吉版）がある程度である。

なお肉筆画については、為一落款の作品であっても、明らかにこの錦絵の時代に制作されたと確認できるものはなく、また全体的にみて、錦絵以外は寡作な数年間であったとみることができるであろう。

孫の悪行

文政一三年（天保元年）から四年にいたるまでの約四年間は、北斎にとって私的な面であまりよい時代だったとは思えない。この間の消息についてはほとんど知られるところがないが、文政一三年については、虚心が紹介している正月二八日差出しの英屋《はなぶさや》平吉《へいきち》・同文蔵《ぶんぞう》宛書簡によって、およその様子をうかがうことができる。この時代の様子を知る唯一の資料であるので、主要な部分だけでも紹介してみることにしたい。

まず文面は新春の挨拶からはじまり、つづいて、「去春より孫放蕩に付、悪法をかゝれ、殊に下品のドラもの、始末屋よりのかけ合等にて、いろ〳〵尻をぬくひ、勘当も度々申出候処、幡随院長兵衛、折々出現仕、ヤレ、月迫の、今一応のと、難儀ハ、老人一人にて、漸々《ようよう》当正月十二日、当人父柳川重信へ引渡し、当時ハ上州高崎より奥州へ連れ参候得共、今にも途中より逃げ帰り候哉と、未《いまだ》不案心に候得共、まつしはらくハ、ホット息をつき罷在《まかりあり》候、……当春ハ、銭もなく、着物もなく、口を養ふのみにて、二月中旬に不相成《あいならず》候てハ、春にハなりかね候、……　寅正月廿八日当賀　北斎為一九拜　英屋平吉様　同文蔵様……」とある。

この内容から知られることは、まず「去春より孫放蕩に付」とあることから、孫は文政一二年春ごろから放蕩非行に向かっていたこと。孫の悪事の尻ぬぐいをしていたこと。正月一二日に孫の父である柳川重信（離縁した長女のもと夫）に引き渡し、奥州へ連れて行かせたが逃げ帰らぬかと案じていたこと。「当春ハ、銭もなく、着物もなく、口を養ふのみにて」とあることから、貧窮していたことなどがうかがわれるのである。このような貧窮と不安な生活の中で、翌三年閏一一月二八日には心痛のためか重信は他界し、以降、孫の悪行の始末は北斎一人に委ねられたらしい。虚心が紹介した他の北斎書簡からみても、こうした不安な生活は、すくなくとも天保五年以後までつづけられたとみられるものである。

華やかで優れた錦絵を陸続と発表したこの時代、それに反して北斎の私生活は、意外にも貧窮と苦悩に満ちたものだったのである。

最晩年　肉筆画の時代

二期に分けられる最晩年の作品

『富嶽百景』での気概

天保五年（一八三四）三月、北斎は絵本『富嶽百景』初編（一冊、西村祐蔵版、図27）を発表した。この本は富士を題材とした画集で、表題のとおり全一〇〇図を収める予定で企画されたものであった。その内容や出版経緯は後述するが、前年に出された出版予告の中で、版元は「翁僕《おうぼく》に語《かた》りて曰《いはく》我真面目《わがしんめんもく》の画訣《がけつ》この譜に尽せり」と述べたとあるので、北斎はなみなみならぬ意欲をもって制作に臨んだことがうかがえるのである。じつはその意欲の現れからか、巻末には自跋《じばつ》が付されており、北斎の作画に対する精神を考える場合、欠くことのできない重要な一文であるため、あえてその全文をあげておくことにしたい。

> 己《おのれ》六才より物の形状《かたち》を写《うつす》の癖《へき》ありて半百の比《ころ》より数〻《しばしば》画図を顕《あらわ》すといへども七十年前画《えが》く所は実に取に足《たる》ものなし七十三才にして稍禽獣虫魚《ややきんじゅうちゅうぎょ》の骨格草木の出生を悟《さと》し得たり故に八

十六才にしては益《ます》〳〵進み九十才にして猶其奥意《なおそのおうい》を極め一百歳にして正《まさ》に神妙《しんみょう》ならん歟《か》百有十歳にしては一点一格にして生《いけ》るがごとくならん願《ねがは》くは長寿の君子予《よ》が言《こと》の妄《もう》ならざるを見たまふべし

画狂老人卍述

と述べている。現代文に要約すると、おそらくつぎのようになるだろう。

自分は六歳から物の形を写生する癖があって、五〇歳（半百）のころから本格的に数々の作品を発表してきたが、七〇歳より前には取るに足るようなものはなかった。七三歳になって禽獣虫魚の骨格、草木の出生をいくらか悟り得た。であるから（努力を続ければ）、八六歳になればますます進み、九〇歳でその奥意を極め、一〇〇歳になればまさに神妙の域になるのではないか。百何十歳になれば、一点一格が生きているようになることだろう。願わくば長寿をつかさどる聖人（神）、私のこの言葉が偽りでないことを見ていて下さい。

大要は以上のようなものであろう。なおこの自跋の末には、壮年期に用いた「画狂老人」の号と、それまで川柳の号としていた「卍《まんじ》」を、ここではじめて画号として使用しはじめるのである。この号は、数多い改号の最後を飾るものであった。

これほどの気概を示した北斎は、当然胸中に期するものがあったはずで、以降、しだいに浮世絵そのものの世界から遠ざかってゆくのである。具体的にいうと、浮世絵師本来の仕事である錦絵の作品をほとんど制作しなくなり、木版画界との関係は絵本・絵手本が大半を占めるようにな

図27 『富嶽百景』初編

るのであった。こうした傾向は、とくに八〇歳を迎えてから顕著となり、題材も浮世絵師が本来の仕事とした時様《じよう》風俗は姿を消し、かわって動植物や宗教色の強い内容、あるいは和漢の故事古典にもとづく歴史画などに主力がおかれるようになるのである。つまり、極端な言い方をすれば、浮世絵師を逸脱（超越）してしまったといっていいだろう。すくなくとも最晩年期の、それも八〇歳代の仕事を概観するかぎりでは、浮世絵師北斎の姿はほとんど見えてこないのである。だが、今まで以上の作画に対する精励ぶりからは、北斎自らが決めて目指した方向であったことは明らかで、最晩年期の理想としたものは、浮世絵を越えた絵画世界であったことも自明である。

したがって、だいたい天保九年の七九歳ごろまでを錦絵時代の余韻を残した時期とみなし、八〇歳から没年の九〇歳までを肉筆画制作に傾注した年代と考えて筆をすすめたい。

「富嶽三十六景」と『富嶽百景』

錦絵時代の天保三、四年ごろには、孫の問題など身辺の事情からか、極端に作画量が減少していた。しかし四年は、翌年の改号をふくめた新たな活動への準備期間とみなせ、案外と充実した一年であったとも思われる。たとえば、前にふれた『富嶽百景』初編の出版予告には「来午二月売出し申候」とあることから、確実に四年までに作画がなされたものであり、また、『北斎漫画』一二編の予告にも「葛飾為一老人筆北斎漫画拾弐編　来午正月二日売出シ申候」とあるので、やはりこれも四年中までに出版にかかわるすべての仕事は完了していたとみなさなければならないからである。このほかにも、五年正月の『絵本忠経《えほんちゅうきょう》』（一冊、高井蘭山著、葛飾前北斎為一老人画、嵩山房版）をはじめとする啓蒙書の出版も同じであろう。

さらにもう一つ考えておきたい問題がある。それは、はたして「冨嶽三十六景」をはじめとする錦絵時代の作品が、北斎にとって新年代を迎えた五年には完結していたのかという点である。もし完結していなければ、たとえ版下絵の制作は完了していたとしても、出版への仕事は『富嶽百景』など版本類の刊行準備と並行して、いまだつづけられていたこととなる。従来、錦絵時代の風景版画をはじめとする作品は、その落款が「為一」とあることから、画狂老人卍へ改号する前に出版されたと考えられてきた。しかし四年時点での出版広告には完結したことをうかがわせる部分は見当たらないし、五年の広告ですら「富（冨）嶽三十六景　前北斎為一翁画　藍摺一枚物、諸国滝巡り、諸国名橋奇覧、各一枚に一景ツ、追々出版、花鳥色紙絵極彩色」（柳亭種彦《りゅうていたねひこ》作『邯鄲諸国物語《かんたんしよこくものがたり》　近江の巻』前帙上にみえる広告）と、「追々出版」とあるのみである。もし五年にもこれら錦絵の版行がつづけられていたとすれば、たんに北斎の仕事が多忙であったというだけではなく、「冨嶽三十六景」完結後に『富嶽百景』の構想がまとめられ、収載図が決められたという考え方も再検討せざるをえないだろう。

その『富嶽百景』は、表題のとおり富士を題材として一〇〇図を収めた三冊本である。初編の刊行は前述のように天保五年三月で、二編は翌六年三月であったが、三編は西村屋の営業不振から版木が名古屋の永楽屋東四郎に売却されて、かなり時代が下がってから出版されたものとみられる。内容は「冨嶽三十六景」とは異なり、「木花開耶姫命《このはなさくやひめのみこと》」からはじまって、「孝霊五年不二《こうれいごねんふじ》峯出現《ほうしゆつげん》」「役ノ優婆塞《えんのうばそく》富嶽草創《ふがくそうそう》」と、故事や宗教的な題材がつづき、説明的な図の展開をみせつつ風景風俗へとすすめられている。その各図はきわめてデリケートな薄墨が要所要所に施され、また彫りもそれこそ錦絵以上の入念さをみせていて、各図には担当した彫師の名が欄外に示されるなど、版元・絵師・彫師・摺師の関係者すべてが一体となって、慎重に出版作業がおこなわれたことをうかがわせるものである。北斎が出版に対し、「我真面目の画訣《がけつ》この譜に尽せり」と自信のほどを示したことも十分に納得させられる、近世絵本の最高傑作の一つといっていい。

またこの初編の巻末には、いずれも未刊に終わったが『異草百花撰』『狂画草筆百眼』『名橋百景』『百家奇術』『百寿百福』『漁家百景』『月下百景』『農家百景』『円方長短　一百自在図会』『百馬百牛』『百禽百獣』などの予告がみえ、改名とともになみなみならぬ制作への意欲をも示している。

『肉筆画帖』　ところでこの時代、とくに七九歳ごろまでの肉筆画についてはどうだろう。おそらくある程度の量を描いていたと思われるが、作画年の明らかな作品は見当たらない。しかし落款に、「前北斎卍筆」あるいは「画狂老人卍筆」とのみある肉筆画が一〇点近く知られており、その印影は八〇歳のものと同一の特徴をみせているので、これらが該期の作品と考えられるものである。ただし、天保六年ごろと推定できるきわめて特殊な作品があるので、これについてはふれておくことにしたい。

その作品は『前北斎卍翁　肉筆画帖』の表題をもつ肉筆の絵手本である。内容は着彩で「福寿《ふくじゅ》草《そう》と扇」「はさみと雀」「鷹」（図28）「ほととぎす」「蛙」「鮎」「かれいと撫子《なでしこ》」「鮭とねずみ」（図29）「蛇と小禽《しょうきん》」「桜花と包み」の一〇図からなるもので、遺存する数点の帖とも収められている図は同じものである。そしてこれらはいずれにも、最終図中に「前北斎為一改画狂老人卍筆印＝富士の形」の落款と印影があるので、天保五年以降の作品であることは誤りない。じつはこの作品は、肉筆画でありながらも版元の西村屋与八から売り出されたもので、『富嶽百景』二編裏表紙の裏にみられる広告に、『絵本肉筆画帖』とあるのがこれとみられるのである。遺存作品は確認されてはいないが、為一時代からこうした『肉筆画帖』を制作し、西村屋から売り出していたようで、文政六年の広告（曲亭馬琴作『女夫《みようと》織玉川晒布《おりたまがわさらし》』巻末広告）中には、「〇前北斎先生肉筆画帖　多数　是は版に彫たるにあらず前北斎為一先生の肉筆なり譬《たとえ》は遠国の人といへど此画帖を求めて学ばゝ先生の門に入るにおなじ」とあることで知られる。またこれとは別に、一二図が収められ「画狂老人卍　八十歳画」の落款をもつ『肉筆画帖』もあったとされるので（エドモン・ド・ゴンクール『ホクサイ』一八九六年）、意外と長期間にわたって同種の画帖が描きつづけられた可能性は少なくない。ただし、これら年代の異なる帖のすべてが同じ図であったかは明らか

図28　鷹（『肉筆画帖』）

図29　鮭とねずみ（『肉筆画帖』）

ではない。虚心《きょしん》は、天保七年の諸国飢饉の折、版元たちも休業状態のなかで北斎が一計を案じ、『肉筆画帖』をいくつも描いて店先で売らせ、餓死を免れたのだという古老の話を紹介している。おそらく天保大飢饉のときには、実際にこのようなこともあったとは思われるが、文政六年の広告といい長期間にわたっているので、一概に北斎だけの発案というより、版元からの慫慂《しょうよう》もあってのことと考えられる。いずれにしても、画帖自体はほとんどの収載図が華やかでさわやかな彩色とモダンな構図になるもので、当時はいくつも描かれたとはいえ、この時期を代表する佳作とみなせるものである。

版本と錦絵

このような肉筆の絵手本に対し、版本では『富嶽百景』の仕事が一段落ついた六、七年ごろから、勇壮な和漢の武者をテーマとした絵手本がみられるようになる。たとえば、北斎没後の嘉永三年五月に出版された『絵本《えほん》和漢誉《わかんのほまれ》』(一冊、紙屋徳八版)には、最終図の署名に「豆相ノ旅客前北斎改画狂老人卍時七十六歳」とあり、相州や豆州の旅中に下絵が制作されたことがわかるものである。翌七年正月に出版された『和漢《わかん》絵本魁《えほんのさきがけ》』(一冊、岡田嘉七版)の署名にも「天保六乙未年四月齢七十六前北斎為一改画狂老人卍筆」とあり、同年八月刊行の『絵本武蔵鐙《えほんむさしあぶみ》』(一冊、西宮弥兵衛版)でも「齢七十六前北斎画狂老人卍筆」としていて、この六、七年には集中して武者図の絵手本制作に取り組んでいたことがうかがわれる。これら絵手本の武者図は、八〇歳代後半になって、今度は肉筆画の世界でふたたびさかんに描かれるようになるのであった。

ほぼ同じ時期の七年正月に刊行された『諸職絵本《しよしよくえほん》　新鄙形《しんひながた》』（一冊、齢七十七前北斎為一改画狂老人卍筆印、須原屋茂兵衛版）も、興味深い絵手本である。表題に「諸職絵本」と冠されているように、絵師だけではなくさまざまな職人のための絵手本で、なかには方眼による正確な家屋の描法や、細密な塔の図解なども収められている。巻末には中下編までの出版予告がのせられているが、未刊に終わったものであった。

錦絵についてもみておこう。卍の署名があって、七九歳ごろまでに版下絵が制作されたと考えられる作品は、きわめて少ない。それでもあえてあげるとすれば、まず「勝景奇覧《しようけいきらん》」と表題のある風景図の団扇絵がある。現在八図まで確認しているが、そのいずれも「前北斎卍」か「前北斎卍筆」の署名で、なかには藍摺に近い作品もふくまれており、同時に出版されたものなのかは明らかでない。また、このシリーズに関係するとみられる版下絵が残されていて、実際の制作時は錦絵時代にまで溯る可能性も考えられるものである。団扇絵としてはもう一点「鷹の図」があり、署名には「総房旅客前北斎改画狂老人卍筆印＝富士の形」とあるので、前にふれた『絵本和漢誉』の署名とも考え合わせると、すくなくとも下絵の制作は六年ごろではなかったかと考えられる。

これら団扇絵に対し、唯一錦絵の揃物として「百人一首宇波《ひやくにんいつしゆうば》かゑとき」（図30）が、当初一〇

図30　百人一首宇波かゑとき 藤原繁《(ママ)》行朝臣

○図完結の予定で出版されている。このシリーズは記念すべき北斎最後の揃物であったが、二七枚で中断した（もう一図、校正用の校合摺が残されている）もので、中途で版元も西村屋与八から伊勢屋三次郎にかわっている。おそらく西村屋の経営悪化も原因しただろうが、作品自体の難解さもまた一因したと思われる。というのは、揃物の主旨が百人一首を乳母が子供に絵で解りやすく説くといったものでありながら、直接歌意に結びつかない図様も多く見い出されるところから、啓蒙といった点で不評に終わったとも考えられるからである。しかし北斎の意気込みは相当なものだったらしく、版行図のほかに六十数図の版下絵のあったことが確認されていて、全部をふくめるとこのシリーズは大半が完成していたと思われる。全体の難解さを別にすれば、古典絵も含まれてはいるが優れた今様風俗も散見されるものである。なお、出版と制作時については、天保六年に西村屋の広告がみられ、また版下絵の「従二位家隆」（フリア美術館蔵）には「九戊戌年朱明」とあるので、九年八月ごろまではつづけられていたものとみられる。

八〇歳からの作品

天保一〇年、かぞえ八〇歳を迎えた北斎は、このころから肉筆画への傾注をみせてゆく。それは、動植物・魚貝・草花などの自然に目を向けたものや、和漢の故事古典・宗教的題材などに力が注がれ、本来浮世絵師が手がけるべき時様風俗はほとんど姿を消してしまうのである。そしてこのころから、従来にまして華やかで濃厚な色調、あるいは暗く重厚な画面構成をみせ、かつてないほどのさまざまな技法混用が試みられている。それが研究者を惑わし、真偽を迷わす原因ともなっているのだが、逆に、晩年になればなるほどそうした傾向を強め、さらなる創意を画面に込めてゆく点に、北斎の最大の魅力があるといってい い。不思議なことに版画や版本においても同じで、たとえば「冨嶽三十六景」と「百人一首姥が絵説」とでは、細やかな描き込みや明るい色調は晩年期の方が勝っているし、後述する八一歳の「唐土名所之絵」は、それまでの鳥瞰図とくらべていちだんと細緻な描写である。版本でも、やはり後にふれる弘化二年（一八四五）刊行の読本、『釈迦御一代記図会《しゃかごいちだいきずえ》』の挿絵では、現在の劇画にも匹敵する斬新な想像力と表現法を見い出すことができる。すくなくとも筆者は、こうした通常の絵師とは逆行するような、晩年の自由な創作意欲と作品に、北斎の力強い作画への姿勢を感じずにはいられないのである。

もちろんそれは、このころの北斎が、そのつどの作画に対し特別な思い入れを込めていたからとも思われ、八〇歳ごろから肉筆画のほとんどすべての落款に年齢を記入しはじめるのもその例といえるだろう。このような行為を北斎の立場で考えてみると、八〇歳という高齢を迎え、一作一作が自身にとってモニュメントであったからに違いない。だからこそ、その大切な一作に年齢を記入し、およぶだけの創造を尽くしたと考えられるのである。

肉筆画と最後の鳥瞰図

では、八〇歳からの肉筆画を中心におもだった作品を選んで概観することにしたいが、他の分野についてもあわせて年次順にみてゆくことにしよう。

まず八〇歳を代表する肉筆作品としては、「貴人《きじん》と官女図《かんにょず》」（絹本一幅、画狂老人卍筆印、齢八十歳、墨田区蔵）や、「西瓜《すいか》図」（絹本一幅、画狂老人卍筆印、齢八十、宮内庁三の丸尚蔵館蔵）などをあげることができる。「貴人と官女図」は、どの物語を題材としたものか明らかではないが、横長の画面は細やかな描写となっていて、全体の配色からか独特な雰囲気の横溢したものとなっている。「西瓜図」は、半紙が被せられた西瓜と包丁が描かれ、上部には漬物にするためか、縄に吊された皮が螺旋《らせん》を描いて垂れ下がっている。その皮がまるで抽象画を見るような不思議な印象を与え、透き通って見える薄赤色の西瓜や半紙の質感が、さらに全体をリアルなものとしている。じつにモダンで、斬新な作品といえるものである。

八一歳では、「仲国《なかくに》と小督《こごう》図」（絹本二幅、ともに「画狂老人卍筆印」に、向かって右幅「齢八十一歳」、左幅「齢八十二」とある。個人蔵）や、「若衆図」（絹本一幅、画狂老人卍筆印、齢八十一、大英博物館蔵）などがある。なおこの年には、最後の鳥瞰図「唐土名所之絵」（総房旅客　画狂老人卍齢八十二印＝之印、青雲堂版）が制作されていることが落款から知られるが、三年後の天保一四年一二月の広告（『世事百談《せじひゃくだん》』青雲堂英文蔵版）には、「……漢楚三国志の軍談を読《よ》んにもこの地図をかたハらに置く時ハ古戦場に至りて軍《いくさ》ものがたりを聞くがごとくいくさざかも解セざることなし」とあり、当時こうした作品が読物とあわせて用いられていたこともあったとわかるものである。おそらく他の鳥瞰図も、同じような使用がなされることもあったと考えられよう。

一二年は、肉筆画には目ぼしい作品はみられず、あえて他の分野であげるとすれば、絵手本の『絵本早引《えほんはやびき》　名頭武者部類《ながしらむしゃぶるい》』(一冊、北斎改葛飾為一筆、和泉屋市兵衛版)が、武者の名前や物語名から、いろは四八文字で目当ての図柄をひき出せる工夫がなされた特徴ある作品として注目される程度である。

日課の「獅子図」と多彩な肉筆画

一三年も、肉筆画をはじめこれといってあげるべき作品は少ないが、本年から翌一四年にかけて、日課に獅子の絵を描きはじめている。その理由は、長寿を願ってのこととする見解と、放蕩の孫払いとして描いたという二説があるが、いまだ結論は出されていない。これに対し虚心は、つぎのように述べている。

……北斎翁、本所　梖馬場《はんのきばば》に住せし頃、毎朝小き紙に獅子を、画きまろめて家の外に捨てたり、或人　偶《たまたま》拾い取りて披きみれハ、獅子の画にして、行筆軽快、尋常にあらす、……或人更に問ふ、何の故に毎朝獅子を画きて捨て給ふや、翁の曰く、これ我か孫なる悪魔を払う禁呪なりと、……

と、孫払いのための日課だったとしている。現在この獅子の図は、松代藩士の宮本慎助《しんすけ》に与えた二一九図(個人蔵)と、酒田の本間北曜《ほくよう》(郡兵衛《ぐんべえ》、一八二二～六八)に与えた一〇図(北斎館蔵)

のほか、国内に数図、国外に十数図の遺存が確認されている。その各図を見ると、一日に一頭を描くことが目標だったらしく、一頭のみ描かれたものには一日分の月日が画中に記され、三日分であれば三頭と三日分の月日が記されている。いずれも墨絵ではあるが、描いては捨てていたというプライベートな作品のため、屈託のない力強い筆づかいや自由自在な発想の面白さが存分に発揮されていて、観る者を飽きさせることがない。なお、宮本慎助に与えた二一九図には北斎の序文が付けられていて、それには「日新除魔と号して朝な〳〵画き捨たるを　高君子之応《もとめにおうじ》　需て末世の一笑となりしは今更汗顔をぬくふのみ　三浦屋八右衛門印　国の屋高君」（三浦屋八右衛門は北斎晩年の名で、国の屋は宮本慎助のこと）とあり、また最後には一筆の「宝珠の図」と、北斎自らが飲用していた長寿薬の調合法が記されている（ともに「八十八歳」とあるので、弘化四年に記されたことがわかり、宮本慎助に与えたのもこの年と考えられる）。

この日課の獅子が描かれていた一四年には、通常の肉筆作品も佳作が多く、その主だったものだけでもあげておこう。まず武者図に、「雪中　張飛図《せっちゅうちょうひ》」（絹本一幅、齢八十四歳　画狂老人卍筆印、氏家浮世絵コレクション蔵）がある。着彩のこの図は、晩年期における武者図の典型であり、傑作としてきわめて高い評価を得ている。その題名が示すとおり、雪中に笠をかかげる勇壮な一人の中国武人を描いたものだが、最近、鈴木重三氏にご教示いただいたところでは、画中人物は張飛ではなく、『水滸伝』の豹子頭林 冲《ひょうしとうりんちゅう》であるとされる。図様からみて首肯されるところである。

ついで、信仰に属するものだが、武者図に似た雰囲気の「文昌星《ぶんしょうせい》図」（絹本一幅、八十四老卍筆印、葛飾北斎美術館蔵）も、佳作というべきであろう。花鳥の範疇に入るものとしては、「南瓜《かぼちゃ》花群虫《ばなぐんちゅう》図」（絹本一幅、八十四老卍筆印、墨田区蔵）や、「桜に鷲図」（絹本一幅、八十四老卍筆印、氏家浮世絵コレクション蔵）などがある。このうち「南瓜花群虫図」は異色の作品といえ、さまざまな虫を写生した洋風感覚をもつ一図で、虫尽くしといった雰囲気がある。

八五歳では、「鍾馗《しょうき》騎《き》獅《し》図」（紙本一幅、齢八十五歳　画狂老人卍筆印、出光美術館蔵）が、五月の節句に依頼されて描かれたものとみられる武者図に属するもので、「狐《きつね》の嫁入《よめいり》図」（絹本一幅、齢八十五歳　画狂老人卍筆印、葛飾北斎美術館蔵）は、民間信仰を主題としながらも風俗図に近い作品といえ、急速に変化する天候を見事に描出している。

最晩年の二大作

八六歳になって、北斎は記念すべき大作を制作している。それは、向島牛嶋《うしじま》神社に掲げられていた「須佐之男命《すさのおのみこと》厄神退治之図《やくじんたいじのず》」（板額一面、前北斎卍筆印=富士の形　齢八十六歳、図31）で、縦約一・三メートル、横約二・八メートルの大絵額であった。残念なことに大正の大震災で社殿とともに焼失してしまったが、残された白黒写真を見ると、須佐之男命が悪病をもたらす厄神に悪事をおこなわないことを誓約させている図で、恐ろしいまでの迫力と荘厳さを具えた力作であったことが知られる。なお、この図は本所石原町の町内から奉納されたと伝えられている。このような大作という点では、制作年は不明であるが、ほぼこのころに描かれ

図31　須佐之男命厄神退治之図

図32　弘法大師修法図（西新井大師総持寺蔵）

たと思われる「弘法大師修法図《こうぼうだいししゅうほうず》」（紙本一幅、無款、西新井大師総持寺《そうじじ》蔵、図32）も、縦約一・五メートル、横約二・四メートルを測るもので、現在は掛幅となっているが、虚心の自筆記録によると、明治二六年ごろには額面であったとしており、いつのころか改装されたものである。こちらも弘法大師が病魔を鎮めている図で、名状し難い迫力の横溢した大作といえる。またこの年には、四月に読本の『釈迦御一代記図会』（六冊、山田意斎作、前北斎卍老人繍像、岡田群玉堂版）があり、このほかにも読本の作品がみられる。

八七歳はあまり作品は多くないが、宗教画的題材の「羅漢《らかん》図」（紙本一幅、八十七老卍筆印、太田記念美術館蔵）がある。その他、読本の『源氏一統志《げんじいっとうし》』（五冊、松亭中村源八郎定保輯、北斎為一老人八右衛門画、菊屋幸三郎版）も、この年の出版になる。

肉筆画への意欲と最後の絵手本

弘化四年（一八四七）、かぞえ八八の米寿を迎えた北斎は、ほとんど木版の作品は発表せず、肉筆画制作への意欲を示している。実際、八八歳の年記を有する作品は、他の年を圧して抜群に多いのである。またこの年から、長寿を願ってか、字形が亀の形をした「百」の文字の印を使用しはじめる。数多い中から特徴ある作品を選ぶとすれば、「流水に鴨図」（絹本一幅、齢八十八卍印＝百、大英博物館蔵）の動物、「源三位《げんざんみ》頼政《よりまさ》」（絹本一幅、八十八老卍印＝百、個人蔵）、「赤壁《せきへき》の曹操《そうそう》図」（絹本一幅、八十八老卍筆印＝百、葛飾北斎美術館蔵、図33）の武者図、「南瓜花《かぼちゃばな》に虻《あぶ》図」（紙本一幅、八十八老卍筆印＝百、墨田区蔵）

図33　赤壁の曹操図

の草花、「七面《しちめん》大明神《だいみょうじん》応現《おうげん》図《ず》」（紙本一幅、八十八老人卍敬筆印＝百、妙光寺蔵）の宗教画など、題材はきわめて幅広く、また佳作揃いである。

八九歳には二点の作品をあげておきたい。一つは「鬼図」（紙本一幅、嘉永元戊申年六月八日、門人北曜子於くる、齢八十九歳画狂老人卍筆印＝百、佐野美術館蔵）で、詳しくは次の項でふれるが、門人の本間北曜に描き与えたものである。もう一方は、「狐狸《こり》図」（紙本双幅、ともに「卍老人筆印＝百、齢八十九歳」、萬野美術館蔵、重要美術品）で、向かって右幅は狂言の釣狐を描き、左幅は茂林寺の分福茶釜の狸を描いている。いずれの作品も淡彩で、前年の作品とくらべると、色調、描法とも枯れた調子で描かれているのが印象的である。

図34　地方測量之図

なおこの年には、最後の一枚摺版画とされている「地方《じかた》測量《そくりょう》之《の》図《ず》」（応需　齢八十九歳卍老人筆、図34）があり、また、北斎存命時最後の記念すべき絵手本『画本彩色通《えほんさいしきつう》』初・二編（二冊、山口屋藤兵衛版）も出版されている。その内容は、従来の図様集といったものではなく、具体的な技法や絵の具の調合などについての広範な解説をおこなったものであった。初編の巻末には、「……また本のいやしきハ価《あたへ》ひくゝして求やすからんが為なり編《へん》をつぎ冊《さつ》を重《かさぬる》にいたりてハ我ハ十余年のうち種々修業せし事ども悉《ことごと》く伝《つたえ》んことをいふ九十歳よりハ又々画風を改め百才の後にいたりてハ此道を改革せんことをのミねがふ長寿くんしわが言《ことば》のたかハさるをしりたまふべし」と自ら述べていることから、二編以降も編を重ねる長期計画であったことがうかがわれ、また中本（ちょうどこの「歴史文化ライブラリー」程度のサイズ）と小型なことも、安価で買い求めやすい価格設定であったことが知られる。

おそらく北斎は、自ら記すとおり、今までに修得した作画への知識をあらんかぎり開陳する予定だったと思われ、動植物や文様、あるいは西洋と東洋の明暗法などの描法をはじめ、泥《どろ》絵《え》、硝《ガラ》子《ス》絵、油彩画の絵の具の調合法、銅版画の腐蝕剤の製法と技法など、当時では秘密に属する内容をも解説にくわえているからである。それだけに惜しまれるのは二編で中断したことで、おそらく続刊されていれば、今もって解明されていない近世の絵画技法のいくつかが明らかになったことであろう。

九〇歳の作品

没年の九〇歳では、わずかな月日しか残されていなかったにもかかわらず意外と多くの作品が遺存している。主なものをあげてみると、「漁樵図《ぎょしょうず》」（絹本双幅、ともに「九十老人卍筆印＝百」、フリア美術館蔵）、「雨中《うちゅう》の虎図」（紙本一幅、九十老人卍筆印＝百、太田記念美術館蔵、図35）、「扇面散図《せんめんちらしず》」（絹本一幅、九十老人卍筆印＝百、個人蔵）、「富《ふ》士《じ》越竜図《ごしりゅうず》」（絹本一幅、嘉永二己酉年　正月辰ノ日　宝暦十庚辰ノ年出生　九十老人卍筆印＝百、北斎館蔵）ほか数点をあげることができる。一説には前年のうちに作画していたものもふくまれているとされるが根拠がないので、ここでは落款の年記のままにあげておいた。これらの大半は着彩で、とくに「扇面散図」や「雨中の虎図」などが細かな描写をみせているのには驚かされるものがある。現

図35　雨中の虎図（太田記念美術館蔵）

在確認される作品の中で、最後の制作になるものの一点とみられるのは「富士越竜図」で、「正月辰ノ日」は一一日か二三日とされている。

最晩年の生活

浦賀への潜居

天保五年（一八三四）の冬か翌六年の春ごろ、北斎の身辺にはなんらか逼迫した事情があったらしく、相州浦賀に潜居したといわれている。虚心《きよしん》は、「同年の冬か六年の春、北斎故あり、江戸を去りて、相州浦賀に潜居し、姓名を変して、三浦屋八右衛門といふ、何の故に潜居せしか詳《つまびらか》ならず」とし、つづけて「一説に、実子某か法を犯せしことありて、逃亡せしといひ、一説にハ、嘗《かつて》画きし画図中に、公聴に触るゝ事ありて、逃亡せしといひ、又一説にハ借財多くして四方の借金乞に責められ、逃亡せしともいひ、又一説にハ、柳川重信の子、即《すなわち》北斎の孫某か、放蕩より事起りて、逃亡せしともいふ、詳ならす」と、いくつかの説をあげているが明らかになっていない。しかし潜居は七年秋ごろまでつづけられたといわれ、この間に江戸の版元へ宛てた数通の手紙が、やはり虚心によって紹介されている。その書中には

「前北斎事画狂老人乞食坊主　卍九拝」（天保六年二月書簡）と署名したものや、「……去暮ハ、在体故、衣類等手当行届キ不申《もうさず》候《そうろう》而《て》、七十六の老人、布子一ッにて寒中を過し申候……」（天保七年正月書簡）とあるなど、貧窮をきわめ、不便を強いられた滞在だったらしい。いずれにしても潜居であったので、これらの書簡以外に事情をうかがわせる資料が見当たらず、この間の動静も闇の中にあるといっていい。

放蕩の孫と妻子

潜居の理由の一つにあがっている放蕩の孫は、奥州へ連れて行かせた後、どうなったのだろうか。どうやら江戸に舞いもどってきたらしく、曲亭馬琴の『後の為の記』上編附録（天保六年八月一日成）には、「……女子は柳川重信に嫁したるが、不縁にてかえりしなり、父の許に戻り嫁せず、此女子の生みたる外孫を北斎寵愛して養育したるが、人となるに及んで放蕩となり、依て是を重信に返せしに、鳶《とび》の者にならん事を欲りして実父の家にもあらずなり」と、鳶になろうとしたことなどの様子を伝えている。おそらくこの後のことと思われるが、北斎の書簡（「十月廿三日」とあるが着出年は不詳。嵩山房《すうざんぼう》宛書簡）には、「……さて愚老どら者にふり込まれ、夫《それ》より人足島、彼是《かれこれ》と評議仕《つかまつり》、色々打寄相談之上にて、引受人等出来仕、店を為持《もたせ》、肴売《さかなうり》と相成、両三日中にハ、ヤット女房を、もたせ候手筈に候……」とあり、肴売の商売をさせ女房の手はずもつけたとあるが、はたしてこれで落ち着いたものかは明らかでない。

ところで、伝えられる北斎の妻子についても簡単にふれておきたい。妻は二度娶ったが、先妻との間には一男二女をもうけ、後妻とは一男一女（二女とも）をもうけたとされている。虚心のあげるところでは、長男は富之助といい、中島家を継いで御用鏡師になったといわれる。次男（後妻の子）は、幼名を多吉郎といい、のち御家人加瀬氏の養子となり、名を崎十郎といった。御小人目付小人頭からのち御天守番（御徒目付《おかちめつけ》とも）へ累進し、俳諧をよくして椿岳庵木峨《ちんがくあんもくが》と号した。長女は名を阿美与といったとされるが明らかではなく、柳川重信に嫁したが離縁となった。放蕩の孫は、この重信と阿美与の子である。次女は名を阿鉄《おてつ》といったとされ、作画をよくしたと伝わる。三女は名を阿栄《おえい》といい、絵師南沢等明《みなみさわとうめい》に嫁したが離縁となり、晩年の北斎とともに生活し、作画に励んで優れた作品を残している。四女は名を阿猶《おなお》といったとされ、早世したとする見解もある。

この二人の妻と、六人の子供がいたことを虚心はあげているが、三女の阿栄以外ほとんど、その生活をうかがわせる資料は残されていない。

火災と旅行

北斎は八〇歳を迎え、肉筆画にいちだんと意欲を示しはじめた天保一〇年、それまで住んでいた本所石原片町から達磨横町に移転して火災に遭う。虚心は、版元の話としてその様子にふれているので、現代文にして紹介してみよう。

転居癖のあった北斎だったが、それまで一度も火災に遭ったことがなく、自ら鎮火の守り札

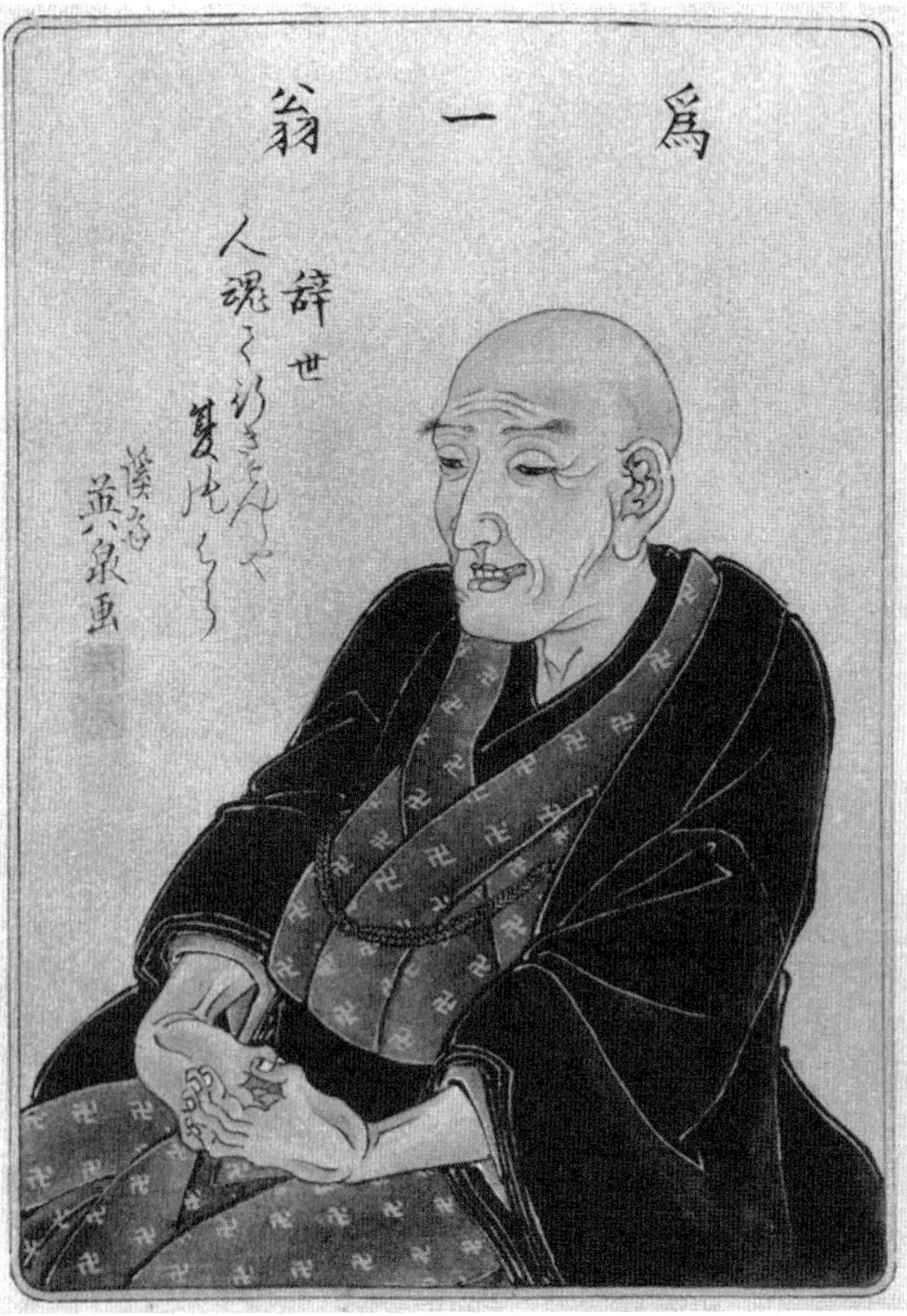

図36　北斎像（渓斎英泉画）

を書いては人に与えていたというほどであった。はじめて身にふりかかった火災という体験からか、この時ばかりは本当に驚いたらしく、まだ家財道具を持ち出せる間があったのに、北斎は筆一本だけを握って家を飛び出し、つづいて娘の阿栄も飛び出したという。衣類、家財道具などすべてを失って丸裸となり、乞食のような格好となったが、北斎は徳利を筆洗に、その破片を絵皿にして、憂うことなく作画をつづけていたという。

この火災の翌一一年には、鳥瞰図の「唐土名所之絵」の落款に「総房旅客」とあることから、房総方面へ旅行をしていることが知られるが、どんな用事でどこへ旅したのかは明らかではない。天保一五年（弘化元年）、八五歳になっていた北斎は、一二月ごろまで向島小梅村《こうめむら》に住んでいたが、信州上高井郡の門人高井鴻山《こうざん》（一八〇六～八三。俗称を三九郎といい造酒業を営んだ。一五歳で京に上り、摩《ま》島《しま》松南《しようなん》に儒学、貫名海屋《ぬきなかいおく》に書、岸駒と横山上竜《じようりゆう》に絵を学んだが、北斎とのかかわりは天保年間ころからと考えられている）の招きによって、小布施《おぶせ》村に逗留したと伝えられる。小布施には、没するまでに少なくとも四回は滞在していたといわれるが、年齢や他の動静からみて、慎重な再検討が必要であろう。ともあれ、同地では祭屋台天井絵の制作に関与したといわれ、逸話も多く残されていることから、深い関係にあったことは事実であり、研究も進展をみせているようなので、それに大いに期待したい。

翌弘化二年は、牛嶋神社の扁額「須佐之男命厄神退治之図」の制作に携わっていたことが知られる程度であったが、三年に入ると平素の生活ぶりをうかがわせる興味深い記録がある。それは、幕末の戯作者・笠亭仙果《りゅうていせんか》（一八〇四〜六八）が、医師の平出順益《ひらでじゅんえき》に宛てた手紙（土山節子「柳亭仙果の書簡にみえる北斎晩年のおもかげ」『日本歴史』一五〇、昭和三五年、吉川弘文館）で、内容は、「北斎も九十歳に近く、八十七八か。今にめがねかけず曲がき、せもかがまず、はんしたが出来申候。春ごろも、雨ふりにあしだをはいて、日本橋までも西両国の辺からゆきゝして、へとも思わぬたつしや」とあるという。つまりこのころ、眼鏡をかけずに曲描《きょくが》きや細かな版下絵が描け、背もかがんでいなかった。春ごろには雨降りに足駄（雨天用の二枚歯の高下駄）をはき、西両国から日本橋まで往き来しても、何ともない達者であったというのである。しかしこの年末ごろには、門人に宛てた手紙の中で病気が再発した旨の内容が見い出せるので、どうやら一年中元気であったというわけではなかったらしい。

本間北曜との面談

嘉永元年（一八四八）、八九歳になると、酒田の本間北曜と面談し作品を描き与えていることが、北曜の日記『西肥長崎行日記』で知られる。この北曜は、文政五年に出羽国酒田の本間国光《くにみつ》の二男として出生し、幼名を規矩治《きくじ》、のち郡兵衛《ぐんべえ》といった。天保一三年、江戸へ出たが兄の厳重な帰宅命令で帰郷し、出羽矢島藩小番郡八《こつかいぐんぱち》の養子となったがうまくゆかず、のち離縁となった。一四年ふたたび江戸へ上り、北斎の弟子になったといわれるが、一時酒田へ帰郷し、嘉永元年五月二二日に長崎へ向かった。その途次、江戸で北斎と二度にわたって面談している。安政に入ると、清河八郎《きよかわはちろう》、榎本武揚《えのもとたけあき》、ジョン万次郎らと交わり、勝海舟《かつかいしゅう》に嘱望されて二年に勝塾の蘭学教授となったが、翌年ふたたび長崎へ行き、オランダの宣教師フルベッキから英語を学んだ。文久二年（一八六二）、ロンドン、パリ、ニューヨーク、ロシア、中国などに渡航し、帰国後、島津斉彬《なりあきら》の依頼で西洋学館（鹿島開成所）の英学教授となり、牧泰蔵《まきたいぞう》（前島密《ひそか》）、小松帯刀《たてわき》、西郷隆盛などと交わった。慶応に入り、日本の経済的独立を目指して「薩州《さっしゅう》商社」というコンペニー（株式会社）の定款を作成して各地を奔走したが、四年に鶴岡の叔父宅に幽閉され、七月一九日に毒殺された。以上のような波瀾の生涯を送った北曜だったが、北斎との面談は長崎行きの途次、嘉永元年六月五日と八日であった。その日記をみると、五日には「九ッ半時浅草寺順拝直卍翁訪候処在宅ニ而甚《てはなはだ》珍敷《めずらしく》夕方迄咄《はなし》致《いたし》暮方帰宅仕候」とあり、八日では「今日卍翁訪認物を貰帰宅長崎ニ而キタコと魚物写可致趣承知いたし帰宅」とある。つまり、六日に浅草寺に参ったのち、北斎を訪ね日が暮れるまで話して帰宅し、八日になって約束していた認物《したためもの》（肉筆画「鬼図」）を貰って帰宅したが、その時、北斎から長崎でキタコ（うつぼ）と魚の絵を送ってくれるように依頼され、承知したという内容である。また、一一月には河原崎座《かわらざきざ》の顔見世興行に出かけていることも知られていて、この時点ではいまだ健在であった様子がうかがわれる。なおこの年、北斎は九三回目の引越しの地、浅草聖天町《しょうでんちょう》の遍照院《へんしょういん》境内の長屋に住んでいたが、ここが終焉の場所となったのであった。

北斎逝く

嘉永二年、九〇歳を迎えた北斎は、新春から肉筆画の制作に取り組んでいたとみられる。遺存する作品数がそれを十分に物語っているといえるだろう。「漁樵図」「雨中の虎図」「扇面散図」など、まったく衰えをみせぬ力作ばかりだが、かつて報告された寄せ描きの帖に、二図の画賛があったという。その図は、「西瓜《すいか》に卒塔婆《そとうば》」と「茄子《なす》」で、賛には、「不和なる人の六十歳に足らで身まかりけると聞て　蠟燭《ろうそく》の寿命くらべや川施餓鬼《かわせがき》　九十老人賛」と、「我に弓ひける人の身まかりしと聞て　霊棚《れいびょう》の牛に角なし秋なすび　九十老人賛」とあったとされる。今のところ想像はされても、弓を引いたというその人物は特定できないが、北斎は先立った不和の人を懐旧したりして、日々を送っていたことは確かなようである。

このような、作画をつづけられる穏やかな生活をしばらく送っていたようだが、ついに床に臥すようになった。それがいつのころか明らかでないが、虚心によれば、「翁病に罹り、医師薬効あらず」とあるので、死の直前ではなく、意外と早い病の訪れだったとみられる。虚心は続けて、同居していた娘の阿栄に老病（老衰）なので回復の見込みのないことが伝えられ、それ以来「門人および旧友等来りて、看護日々怠りなし」という状況がつづいたとしている。四月一八日朝七ッ時（現在の午前四時ごろ）、娘の看取る中で北斎は息をひきとった。その死の直前、大きく息をし、自らが絵師として完成できなかったことを嘆いたという。その様子は、「翁死に臨み、大息し天我をして十年の命を長ふせしめハといひ、暫くして更に謂《いい》て曰《いわ》く、天我をして五年の命を保たしめハ、真正の画工となるを得へしと、言吃りて死す」と記されている。

枕頭にあった阿栄は、気丈にもただちに葬儀の手配をしたらしく、その通知の一通が残されており、「四月十八日　深川下の橋北嶺様　栄拝　葬式明十九日朝四ッ時（現在の午前一〇時頃）」（北嶺〈一八二四～七六〉は北斎の門人で、府川重次郎《じゅうじろう》といった。のちに金工家として活躍し、「文久永宝」の母銭を造ったことでも知られる。北岑と同人）の表書きに、「卍儀病気の処養生不相叶《あいかなわず》今暁七ッ時に病死仕候　右申上度早々如此《かくのごとく》御座候　以上　四月十八日」と認められている。おそらくこの手紙のとおり、翌一九日の四ッ時ごろから葬儀が執りおこなわれたと思われ、「翁の死するや、門人およひ旧友等、各出金して、葬式の礼を行ひたり、棺椁《かんかく》なとハ、粗製のものなりしか、見送りの人々の中にハ、槍、挟箱なともたせる士《さむらい》もありて、凡《およそ》百人程にて、誓教寺へ赴きたり」と、その様子を虚心は伝えている。遺体は浅草の浄土宗誓教寺に葬られ、法名は「南牕院奇誉北斎居士」とつけられている。

ちなみに辞世の句は、「飛《ひ》と魂《だま》でゆくきさんじや夏の原」と墓碑に刻まれているが、いかにも北斎らしい、超然とした吟詠とはいえないだろうか。

あとがき

飯島虚心《きょしん》によって本格的な北斎研究が開始されてから、一〇〇年以上もの年月が経過している。この間、世界的な規模でいくたの研究が発表されてきたが、故ピーター・モース氏（米国の北斎および浮世絵版画研究家）は、詳細な学史調査から、一九九三年までに出された論文は五〇〇以上、単行書も三〇〇冊に達するとされ、こうした研究成果の多さに、「東西を問わず、これほど注目を集めた芸術家はそれ程いない」と述べておられる。その注目度の大きさを示す顕著なあらわれとして、一昨年、米国の『ライフ』誌が、この一〇〇〇年間で最も重要な業績を残した世界の人物一〇〇人についてアンケートをとったところ、日本人では唯一北斎のみがランク・インしたというのも、その一端を示すものといえるのではないだろうか。

しかし冒頭でもふれたように、北斎が没して一五〇年をへた今日、約七〇年にもおよんだ幅広い業績が、何に偏重することなく一般に認識されているかというと心細いかぎりである。おそらくわが国における北斎認識は、いまだ初中等教育で植え付けられた「風景画家」というイメージのみが強く定着しているものと考えられるのである。

本書はこうした現実をふまえ、紙幅の許すかぎりその長い作画期間を概観し、各時代における業績をまんべんなく述べたつもりである。むろん、十分に言い尽くせなかった部分もあることは自認しているが、可能なかぎり客観的な立場で新たな情報を盛り込んでいる。したがって、従来筆者が唱えてきた見解と異なる部分も多々生じたが、今後もまた研究の進展によっては、当然訂正されつづけていくべきであると考えている。

文末ながら、北斎研究の何であるかを長年ご指導くださった楢崎宗重先生、多くのご教示をいただいた鈴木重三先生、そして終始原稿整理を手伝ってくださった伊藤めぐみ氏に深甚の謝意を表したい。

二〇〇〇年三月

永田生慈

著者紹介
一九五一年、島根県に生まれる
一九七四年、立正大学文学部史学科卒業
現在、太田記念美術館副館長兼学芸部長・葛飾北斎美術館館長
主要著書
葛飾北斎年譜　資料による近代浮世絵事情
北斎美術館(全五巻)　北斎の絵手本(全五巻)
北斎漫画(全三巻)

歴史文化ライブラリー
91

葛飾北斎

二〇〇〇年(平成十二)五月一日　第一刷発行

著　者　永《なが》田《た》生《せい》慈《じ》

発行者　林　英男

発行所　株式会社 吉川弘文館
東京都文京区本郷七丁目二番八号
郵便番号一一三—〇〇三三
電話〇三—三八一三—九一五一〈代表〉
振替口座〇〇一〇〇—五—二四四
印刷＝平文社　製本＝ナショナル製本
装幀＝山崎　登

歴史文化ライブラリー

1996.10

刊行のことば

現今の日本および国際社会は、さまざまな面で大変動の時代を迎えておりますが、近づきつつある二十一世紀は人類史の到達点として、物質的な繁栄のみならず文化や自然・社会環境を謳歌できる平和な社会でなければなりません。しかしながら高度成長・技術革新にともなう急激な変貌は「自己本位な刹那主義」の風潮を生みだし、先人が築いてきた歴史や文化に学ぶ余裕もなく、いまだ明るい人類の将来が展望できていないようにも見えます。このような状況を踏まえ、よりよい二十一世紀社会を築くために、人類誕生から現在に至る「人類の遺産・教訓」としてのあらゆる分野の歴史と文化を「歴史文化ライブラリー」として刊行することといたしました。

小社は、安政四年(一八五七)の創業以来、一貫して歴史学を中心とした専門出版社として書籍を刊行しつづけてまいりました。その経験を生かし、学問成果にもとづいた本叢書を刊行し社会的要請に応えて行きたいと考えております。

現代は、マスメディアが発達した高度情報化社会といわれますが、私どもはあくまでも活字を主体とした出版こそ、ものの本質を考える基礎と信じ、本叢書をとおして社会に訴えてまいりたいと思います。これから生まれでる一冊一冊が、それぞれの読者を知的冒険の旅へと誘い、希望に満ちた人類の未来を構築する糧となれば幸いです。

吉川弘文館

〈オンデマンド版〉
葛飾北斎

歴史文化ライブラリー
91

2017年（平成29）10月1日　発行

著　者　永《なが》田《た》生《せい》慈《じ》
発行者　吉川道郎
発行所　株式会社　吉川弘文館
〒113-0033　東京都文京区本郷7丁目2番8号
TEL　03-3813-9151〈代表〉
URL　http://www.yoshikawa-k.co.jp/

印刷・製本　大日本印刷株式会社
装　幀　清水良洋・宮崎萌美

永田生慈（1951〜）

ISBN978-4-642-75491-0